敬畏情绪对消费者行为的影响机制研究

——基于联结感和精神性视角的实证分析

Research on The Impact of Awe on Consumer Behavior from The Perspective of Connectedness and Spirituality

胡静 · 著

中国纺织出版社有限公司

内 容 提 要

本文在充分梳理敬畏情绪、联结感和精神性相关理论及研究现状的基础上，从联结感和精神性的视角分别探讨了敬畏情绪对消费者行为（绿色消费行为、从众消费行为和炫耀消费行为）的影响。

利用问卷调查法和实验法，本研究使用多种方式诱发敬畏情绪，证实其对绿色消费行为的促进作用，以及对从众消费行为和炫耀消费行为的抑制作用。与此同时，本研究探究了敬畏情绪影响消费者行为的心理机制，并分析了人口统计学变量、产品知识水平等在敬畏与消费者行为关系中的影响。

图书在版编目（CIP）数据

敬畏情绪对消费者行为的影响机制研究：基于联结感和精神性视角的实证分析 / 胡静著. -- 北京：中国纺织出版社有限公司，2023.1（2024.4 重印）
ISBN 978-7-5229-0313-2

Ⅰ. ①敬… Ⅱ. ①胡… Ⅲ. ①情绪—影响—消费者行为论—研究 Ⅳ. ①F036.3

中国国家版本馆CIP数据核字（2023）第020791号

Jingwei Qingxu Dui Xiaofeizhe Xingwei De Yingxiang Jizhi Yanjiu
— Jiyu Lianjiegan He Jingshenxing Shijiao De Shizheng Fenxi

责任编辑：林　启　　责任校对：高　涵　　责任印制：储志伟

中国纺织出版社有限公司出版发行
地址：北京市朝阳区百子湾东里A407号楼　邮政编码：100124
销售电话：010—67004422　传真：010—87155801
http://www.c-textilep.com
中国纺织出版社天猫旗舰店
官方微博 http://weibo.com/2119887771
北京虎彩文化传播有限公司印刷　各地新华书店经销
2023年1月第1版　2024年4月第2次印刷
开本：710×1000　1/16　印张：12
字数：156千字　定价：98.00元

前　言

PREFACE

敬畏是个体面对超出原有知识范畴的宏大外部存在时，无法基于现有认知框架解释该现象，进而产生的复杂情绪。敬畏情绪会带来个体稳定的心理与行为影响，但关于敬畏对个体消费行为潜在影响的讨论仍然有限。基于该研究背景，本文在充分梳理敬畏情绪、联结感以及精神性相关理论及研究现状基础上，从联结感和精神性的视角分别探讨了敬畏情绪对消费者行为（绿色消费行为、从众消费行为和炫耀消费行为）的影响。本文具体从三个方面展开实证研究并取得进展。

首先，敬畏对亲环境相关行为（绿色消费行为）具有促进作用，个体的联结感将有助于解释敬畏对绿色消费行为的影响作用。本文通过问卷调查，并运用结构方程模型进行了分析。结果表明，敬畏情绪促进个体对外部世界的联结感（社会联结和自然联结），进而使个体倾向于做出绿色消费决策。另外，本研究以人口统计学变量作为调节变量，检验了其对敬畏情绪与绿色消费行为关系的影响。结果表明，相对于女性，男性群体的绿色消费行为对敬畏情绪更为敏感，而年龄、受教育程度及月收入对该效应的调节作用并不显著。

其次，敬畏会促进个体社会联结，进而增加消费情境中的从众偏好及表现，并通过四个基于不同场景和不同产品类别的研究对假设进行了检验。研究1表明敬畏情绪倾向积极影响从众消费倾向。随后的三个研究采用了不同的方式操纵被试的情绪状态并利用不同的场景测量消费者的从众偏好及意愿。结果发现，相对于中性情绪状态，在敬畏情绪状态下，个体分别对市场占有率更高的产品品牌（研究2）、大众化餐厅（研究3）以及月销量高的旅游线路（研究4）的偏好水平更高。社会联结部分解释了该效应。另外，消费者知识调节了敬畏情绪通过社会联结带来的从众效应。相对于具备高水平产品相关知识的消费者，对于具备低水平知识的消费者，敬畏情绪通过社会联结对其从众消费偏好的影响更为显著（研究4）。

最后，敬畏通过提升个体的精神性水平，减少个体的以自我提升为导向的炫耀消费行为。通过三个研究对该理论假设进行了检验。研究1通过问卷调查证实，敬畏情绪倾向负向预测炫耀消费倾向。研究2和研究3通过实验发现，被诱发敬畏情绪的被试相对于其他控制状态的被试为商品花费的金额更小，并且对带有大品牌标识的商品偏好更低。此外，精神性部分解释了敬畏对炫耀消费的抑制作用。

目　录

CONTENTS

第1章

绪论

1.1 研究背景与意义

敬畏是规范人类行为，保持社会和谐的一种有效文化力量。我国传统文化历来提倡常怀敬畏之情。中国儒家思想创始人孔子说:“君子有三畏，畏天命，畏大人，畏圣人之言。”朱熹说:“君子之心，常怀敬畏。”西方有关敬畏的最初例子之一是宗教领域中讨论人与神的关系：个人通过与更为强大的力量接触，产生一种强烈而新奇的感官体验，并引起了个人内心的混乱和惊奇。当这种混乱和惊奇的感觉升华时，人就会被改变，并接受新的价值观、命令和使命[1]。现代文明对敬畏的关注与探讨早已超脱出宗教范畴，并延伸到人们的日常生活。然而在心理学领域，由于敬畏情绪的内涵一直没有被明确，所以其与其他情绪的界限一直无法很好地界定，关于敬畏情绪的研究也就起步较晚。随着2003年凯尔特纳(Keltner)和海特(Haidt)采用原型理论方法界定和解构了敬畏情绪，研究者们才开始尝试对敬畏情绪展开定量研究[1]。尤其近5年以来，心理学等领域深入探讨了敬畏情绪的心理与行为结果。随着敬畏情绪心理效应研究逐渐丰富，其跨领域的延伸研究逐渐开始引起研究者的关注。具体到营销领域，消费者情绪研究是国际营销学界持续十多年的消费行为研究热点。学者们不仅将情绪划分为不同类别来研究其对消费过程的影响，大量学者还具体研究了某种特定情绪，如惊讶、遗憾、同情、移情、尴尬等对抱怨、服务失误、产品态度、满意等多种消费情境的影响。然而，敬畏这种典型的人类情绪虽然正在受到心理学研究者们的强烈关注，但在消费领域的研究还极其少见。

尽管理论研究尚少，营销实践领域却不乏运用敬畏情绪进行沟通和宣传的成功案例。“如果人类不从现在节约水源，保护环境，人类看到的最后一滴水将是自己的眼泪”，诸如此类振聋发聩的公益广告成功的原因在于它有效地激发了人们对于大自然和生命的敬畏。不仅如此，营销经理们甚至直接利用产品和品牌来激发消费者的敬畏情绪。李宗盛为 New Balance 品牌打造的独白式宣传广告《致匠心》很好地激发了消费者对工匠精神的敬畏。曾经的 Apple 对于狂热的粉丝们来说，已经近乎一种宗教。粉丝们把乔布斯视作教主一样膜拜，把他的一字一句当成圣经来解读。独树一帜的特斯拉似乎生来就有一种神秘感，它就好比钢铁侠一般令人神往和敬畏。这些偶然的成功向我们昭示了敬畏情绪在营销实践中的巨大威力。然而，大多数的营销实践者们并不清楚如何恰当地运用敬畏来有效地影响自己的目标顾客。实践界有关消费者敬畏的运用还在摸索阶段。

在此背景下，本文具体聚焦于敬畏情绪对个体消费行为所带来的影响，并依托国家自然科学基金项目“敬畏感对消费者选择的影响及作用机制——基于自然和社会联结性的双向视角”，尝试从联结感和精神性的视角对其心理机制进行探索。本研究通过聚焦敬畏情绪所带来的消费者心理和行为变化，将增加和拓宽敬畏理论研究的深度和广度，为消费者心理和行为理论做出贡献。研究结论对于中国企业的营销实践也具有重要的指导意义。2012年麦肯锡曾发布报告称，中国新兴消费群体较之前几代消费者更为情绪化，这与学术研究热点高度吻合，也昭示着继续深入全面研究中国消费者情绪研究的重要意义。尽管对消费者敬畏情绪的理解十分有限，企业营销实践者已经开始了与敬畏相关的营销宣传活动。然而，这些营销实践有的试图激发消费者对大自然的敬畏情绪（如以高山大川为背景的广告），也有的对抗大自然所带来的敬畏情绪（如全球通的王石成功战胜险恶天堑的广告）。本研究的理论机制如果成立，将能够指导企业恰当地激发或抑制消费者的敬畏情绪，避免在营销沟通中的潜在负面作用。

1.2 研究目的与内容

我们的研究尝试聚焦以下两点理论界和营销实践界都十分感兴趣的问题以填补目前研究的不足：敬畏情绪是否会带来消费者行为决策的变化？敬畏情绪影响消费者行为的内在心理机制是什么？具体来说，本研究以敬畏情绪为研究核心，在梳理情绪相关理论及研究进展、敬畏情绪对个体认知及行为影响、联结感以及精神性研究成果的基础上，围绕敬畏情绪对三种典型的消费行为的影响机制进行了探索，主要包括以下四项研究内容。

首先，对现有敬畏情绪的认知及行为影响研究成果进行梳理和归总，并从积极情绪拓展—建构功能的角度重新归纳提炼敬畏情绪对个体认知及行为的影响，为未来敬畏情绪影响研究提供理论基础。

其次，敬畏情绪有助于个体基于整体利益进行决策。本研究进一步提出敬畏情绪对绿色消费行为具有促进作用。通过问卷调查方法，本研究将检验敬畏情绪对个体绿色消费行为的促进作用以及社会联结和自然联结对该效应的解释作用，并明确人口统计学变量（性别、年龄、受教育程度和月收入）对敬畏与绿色消费之间关系的调节作用。

再次，现有研究已经发现敬畏情绪的社会功能主要体现在其促进了个体的亲社会行为表现。我们通过探讨敬畏对从众消费的影响，试图完善对敬畏情绪社会功能的理解。本研究综合采用问卷调查及实验法，分别检验特质性敬畏情绪与从众消费倾向之间，敬畏情绪状态与从众消费选择之间的正相关关系。同时，本研究检验了社会联结对二者之间关系的中介作用，最后围绕消费者知识检验其对敬畏与从众消费之间关系的调节作用。

最后，敬畏作为典型的自我超越情绪，可以提升个体的精神性，使个体忽视对自我利益的关切。基于此，我们尝试从精神性的视角探讨敬畏情绪对一种典型的以自我（外在）提升为导向的消费行为的影响。通过综合采用问卷调查和实验法，本研究将分别检验特质性敬畏情绪与炫耀消费倾向之间，敬畏情绪状态与炫耀消费选择之间的负相关关系，并尝试从个体精神性的角度解释敬畏情绪抑制炫耀性消费行为的心理机制。

1.3 研究创新点

目前，敬畏情绪属于营销领域的研究前沿。通过聚焦敬畏情绪对消费者行为的影响，本研究存在以下创新之处。

本文在深入理解主流心理学及社会学领域的敬畏情绪研究成果基础上，通过聚焦于敬畏情绪对个体消费行为的影响，将目前的敬畏情绪研究拓展到消费领域。敬畏情绪是近期的研究热点之一。其具有高度的复杂性，包含多种情绪成分，同时可以被多种来源诱发，这为敬畏情绪研究带来挑战与空间。以往研究大多只关注敬畏情绪所带来的心理及一般社会行为影响，如小我、亲社会行为表现等，但关于敬畏对个体消费行为的影响仍然缺乏讨论。

基于该研究背景，本研究尝试引入联结感和精神性，从这两大视角分别检验敬畏情绪对个体特定的消费行为（绿色消费行为、从众消费行为和炫耀消费行为）的影响。研究结论不仅呼应了现有的研究成果，也为未来敬畏情绪的行为结果研究探索了新的研究视角和领域。

我们初步揭示了偶发敬畏情绪对个体消费决策的影响及其心理机制。消费者情绪研究历来是消费行为研究领域的重要课题之一。其中大多数研究集中于与营销情境和属性相关的情绪体验所带来的影响，对于消费者偶发情绪的关注相对有限。敬畏情绪在我们日常生活中广泛存在。由于敬畏情绪会导致个体认知参考框架的调整，其往往给个体内在带来持久且深刻的变化，并最终影响个体的外在行为表现。本研究在现有敬畏情绪所带来的对个体认知及行为影响的研究基础上，将偶发敬畏情绪研究引入消费领域的研究。本研究为消费领域对消费者情绪，尤其是对偶发敬畏情绪的研究增添了新的方向。

本研究在现有敬畏情绪的亲社会功能研究基础上，探究了敬畏情绪对以亲环境为导向的消费行为的影响。敬畏作为典型的自我超越情绪体验，有利于个体建立基于外部整体利益的决策视角。现有研究已经证明了敬畏情绪对亲社会行为的促进作用，但关于敬畏情绪对亲环境相关行为的研究并没有受到重视。我们通过实证研究方法，基于联结感（自然联结、社会联结）的视角探讨了敬畏情绪对绿色消费行为的影响。绿色消费行为与亲社会行为的关注对象存在区隔。亲社会行为体现的是对他人利益的关切，而绿色消费体现的是消费者对自然世界的关注与保护。敬畏情绪对亲社会行为倾向的解释机制主要是自我概念的变化，主要体现在对自我的削弱，以及对外部世界的关注等[2]。本研究更加具体地阐述了敬畏情绪影响自我概念的方式——增进了与自然和社会的联结感，并通过联结感作用于绿色消费行为。研究结论不仅将敬畏情绪行为结果的研究领域扩展至亲环境领域，也通过引入自然联结和社会联结，丰富了敬畏情绪对消费行为的影响机制研究。

已有研究认为敬畏的社会功能主要体现在其对个体亲社会行为的促进。本研究揭示了敬畏情绪的社会功能的另一种行为表现，并通过实证研究方式，基于社会联结视角具体剖析了敬畏情绪对从众消费的影响机制。以往研究较多关注敬畏情绪的亲社会行为，我们提出，敬畏情绪还可以促进消费者的从众行为。亲社会行为与从众行为存在本质差异，亲社会行为体现的是对他人内在的友善，而从众行为体现的是与他人意见与决策保持一致的倾向。虽然亲社会行为和从众行为均能体现敬畏的社会功能，促进个体对社会的适应与融入，但二者为个体社会关系的建构提供了完全不同的路径。亲社会行为反映了个体通过对他人友善构建和增强社会关系，而从众行为反映的是与其他人保持一致。另外，本文发现个体与外部世界的联结感可以有效解释敬畏情绪对从众消费行为的积极影响。研究结论深化了对敬畏情绪影响社会功能的行为表现及其内在机制的理解。

本研究证实了敬畏情绪对炫耀消费行为具有抑制作用。现有研究对敬畏情绪的关注主要集中于其社会功能，发现其有助于提升个体对社会的适应力与融入度，较少涉及关于敬畏情绪对个体自我提升行为的影响。本研究发现敬畏情绪能够通过提升以自我超越为导向的精神性水平，增进个体对内在自我和内在意义的关注，进而降低以外在自我提升为动机的炫耀消费偏好。研究结论完善了对敬畏情绪所带来的行为结果的探寻，促进了精神性研究在社会行为领域，尤其是消费行为领域的应用和延伸，为未来深入挖掘敬畏情绪对以自我提升为导向的相关行为的影响提供了理论参考。

1.4　技术路线与研究方法

1.4.1　技术路线

本研究主要包含三个部分。一是文献回顾与理论阐述，主要围绕研究内容梳理现有研究进展，从而构建本文研究框架的理论基础。二是实证研究，聚焦敬畏情绪对消费行为的影响，通过三个研究具体探讨敬畏对绿色消费行为、从众消费行为和炫耀消费行为的影响及作用机制。三是总讨论，包括概述本研究的重要结论、理论贡献和实践启示，并指明未来的研究方向。

本研究的技术路线如图1-1所示。

1.4.2　研究方法

(1)文献研究法

本研究从两个方面围绕研究主题梳理现有文献。

首先，针对情绪对个体认知及行为的影响方式搜集经典的理论。如情绪的认知评价理论、情绪的社会功能理论、情绪的评价倾向框架理论，以及积极情绪的拓展—建构理论。基于经典的理论框架进一步搜集相关的研究以备深入理解相关理论的内涵和适用范畴，作为本研究模型框架构建的理论基础。

其次，利用web of Science、知网等权威文献检索平台搜集心理学、营销学、管理学，以及消费者行为学领域的最新的权威文章，核心概念包括情绪、敬畏情绪、联结感(社会联结和自然联结)、精神性、绿色消费、从众消费，以及炫耀消费。通过搜集、回溯和梳理，归纳总结形成对本研究的文献综述部分，具体包括情绪的内涵及相关理论，敬畏情绪及其对个体认知和

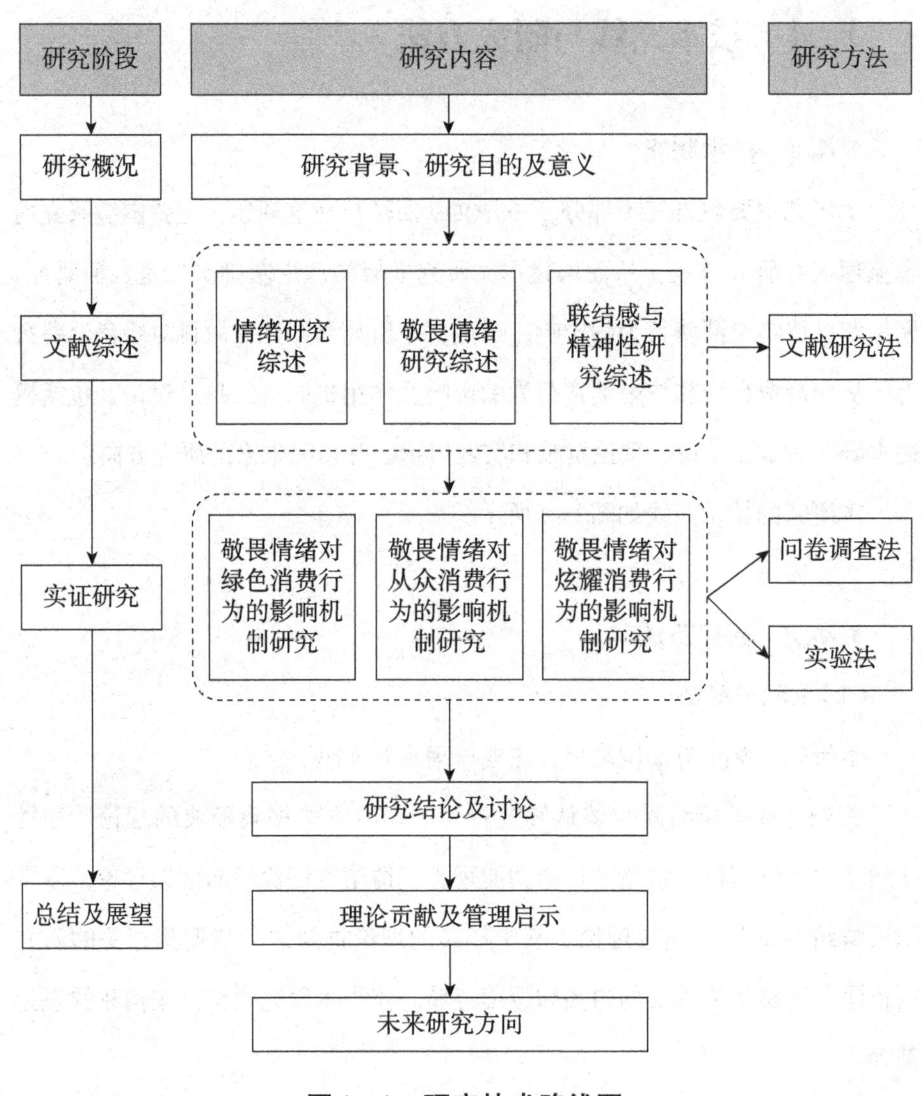

图1-1　研究技术路线图

行为的影响，联结感与精神性的概念、影响因素及其对个体行为的影响，绿色消费行为、从众消费行为和炫耀消费行为的概念及其影响因素等。对经典理论和最新文献研究成果的全面掌握将为本研究的概念模型的构建提供理论依据与参考。

（2）问卷调查法

虽然在消费者行为研究领域，实验法逐渐占据了主流，但本研究的三个实证研究均采用问卷调查方法进行检验。采用这种研究设计方法主要出于两方面的考虑，一方面是由于情绪具有特质性和状态性两种体现形式，所以在情绪研究领域，对于情绪影响作用的研究往往通过问卷调查的方式检验特质性情绪的影响，进而提升研究结果的可解释性。另一方面是本研究中所需的各变量量表的可用性有较好保证。本研究所涉及的概念，如敬畏、联结感、精神性等，均来自心理学以及消费行为领域较为成熟的研究体系，已经有良好的研究基础。所以可以直接引用权威经典的测量量表，有良好的信效度保证。本研究所采取的问卷调查的具体过程借鉴了以往研究中关于敬畏情绪、其他积极情绪变量、中介变量以及因变量的操作化概念，使用成熟的测度量表组成结构化问卷，通过网络问卷收集平台或校园内邀请人员等方式进行样本数据的收集。最后利用统计分析软件（如 SPSS、AMOS）进行数据整理与分析。

（3）实验法

实验法是心理学和消费行为学领域经常使用的研究方法之一。本研究通过实验操纵的手段激发消费者的情绪，以检验敬畏情绪对从众消费行为和炫耀消费行为的影响机制。研究借鉴了心理学领域中两种经典的情绪操纵方法——回忆法和观看视频法，诱发了消费者的情绪。之后要求被试在问卷中报告各自的情绪状态（如敬畏、兴奋、感激、恐惧、悲伤），并完成后续实验材料的填答。为了提升结果的解释力，我们采取了问卷调查平台样本和校园内成年群体样本等多种形式的样本。实验结束后，我们利用统计分析软件（如SPSS、AMOS）统一进行数据整理与分析。

1.5 结构安排

第1章为绪论，主要介绍研究背景、技术路线和研究方法，具体阐述了本研究的研究背景与意义、研究目的与内容、研究创新点、技术路线与研究方法，以及本研究的结构安排。

第2章为文献综述，主要包括四部分内容：第一，情绪及其相关理论模型以及研究进展梳理及归纳；第二，敬畏情绪及其心理与行为影响的梳理和归纳；第三，联结感与精神性相关研究成果回顾；第四，结合研究现状指出目前研究的不足并引出本研究的基本思路。

第3章探讨敬畏情绪与绿色消费行为的关系，主要基于敬畏情绪的亲社会功能，进一步提出敬畏情绪对绿色消费行为同样具有促进作用。其中，敬畏情绪伴随的自然联结和社会联结将有效解释该效应。此外，人口统计学变量（性别、年龄、受教育程度和月收入）将调节敬畏情绪对绿色消费行为的影响。本研究围绕特质性敬畏情绪、自然联结、社会联结、绿色消费，以及人口统计学变量，形成了结构化的调查问卷，采用问卷调查的方式进行了数据收集。研究利用信效度分析、结构方程模型方法和回归分析等检验了研究假设。

第4章探讨敬畏情绪与从众消费行为的关系，主要关注了敬畏对个人在消费情境中的从众行为的影响，并提出了社会联结对该效应的解释作用，以及对消费者知识的调节作用。我们通过四个研究检验了假设。研究1采用问卷调查的方式检验了敬畏情绪倾向和从众消费倾向之间的关系。研究2采用回忆报告法诱发了被试的情绪状态，检验了相对于中性情绪状态，在敬畏情绪状态下，个体对于市场占有率更高的产品品牌（相比市场占有率更低的产品品牌）的偏好情况，以及社会联结的中介作用。研究3采用事件回忆法诱发被试的情绪，检验了具有消极效价的敬畏情绪，相对于中性情绪状态，是否通过提升社会联结促进了对大众化（相比小众化）餐厅的选择。研究4采用回忆报告法诱发了被试的情绪，检验了相对于中性情绪，诱发敬畏情绪能否提高社会联结并提升个体对高月销量旅行线路的购买意愿，还检验了消费者知识对该效应的调节作用。本研究采用的数据分析方法主要包括信度分析、单因素方差分析、相关分析、回归分析，以及bootstrap方法。

第5章探讨敬畏情绪与炫耀消费行为的关系，主要检验了敬畏情绪对炫耀消费行为的抑制作用及其心理机制，并通过三个研究检验了敬畏能够促进精神性，进而减少炫耀性消费的假设。研究1通过问卷调查方式检验了敬畏情绪倾向与炫耀消费倾向之间的正相关关系。研究2通过回忆报告法激发被试的情绪，检验了敬畏情绪（相比中性状态）对炫耀消费偏好（对商品的高花费金额意愿）的积极影响。研究3中，我们使用视频材料诱发被试情绪，检验了诱发敬畏情绪（相比自豪情绪）是否增强了精神性水平，进而降低了被试对含有大尺寸品牌标识的产品的偏好程度。本研究采用的数据分析方法主要包括信度分析、单因素方差分析、相关分析、回归分析，以及bootstrap方法。

第6章为讨论部分，主要总结研究结论并探讨与以往研究的异同，以阐述研究结论的合理性和独特性。在此基础上，我们对研究结论的理论贡献与实践意义进行了探讨。最后指出目前研究存在的不足以及未来的潜在研究方向。

第2章

文献综述

2.1　情绪研究综述

2.1.1　情绪的界定

情绪是人人都知晓并拥有，但又很难界定的概念。学者们往往对其有各自的界定与理解。罗赛尔（Russell）认为，情绪是个体共性体验的标签之一[3]。巴戈尔（Bagozzi）等认为情绪代表了个体对外在情境进行内部评价之后的精神状态，伴随着特定的心理过程、生理反应及行为表现[4]。凯尔特纳和希奥塔（Shiota）提出，情绪是对外部情境产生的一种功能性的反映，促进个体采用来自生理层面、认知层面、现象学和行为层面的渠道来保障个体对当前情况的适应和塑造[5]。普拉奇克（Plutchik）认为，情绪是个体对外部刺激的复杂反应过程[6]。在学术研究中，情绪与感情、心情往往出现相互替用的情况，但三者之间存在本质差别。感情是所有情绪及个体对伴随情绪产生过程的相关体验的总体感受，是一种综合性的概念[7]。情绪主要是指在某种外部情境下，个体产生感情的过程，往往较为短暂而强烈，并且往往伴随特定的内在心理和外在行为表现，而心情是个体对自我情感的感知，相对更为持久而缓和，与特定行为的关联较弱[7]。

2.1.2 情绪的分类

鉴于情绪的复杂性，虽然目前情绪分类研究已取得大量的研究成果，但并未在该领域形成权威性的主流意见。有学者基于相互区别的情绪种类的层面来对个体的情绪进行刻画。有学者认为应该通过更能够反映情绪本质特征的连续性的维度来对情绪进行刻画。综合各家观点，本研究选取了具有代表的观点予以阐述。

（1）凯尔特纳等提出的情绪分类

1997年，凯尔特纳等基于以往研究者对情绪的界定，将其分为悲伤、快乐、厌恶、恐惧、惊奇、羞耻、骄傲、轻蔑、内疚、沮丧、希望、爱、信念、敬畏、嫉妒、尴尬、后悔和无聊[8]。

（2）罗赛尔的环形模型

1980年，罗赛尔提出环形模型理论，并将情绪体验的唤醒度和愉悦度界定为核心情感分维度，并认为情绪通过唤醒度和愉悦度可以组成一个环形（图2-1）[9]。在这一模型中，情绪可以看作特定的愉悦程度和环形程度的组合。如满足可以看作高水平愉悦度和低水平唤醒度的组合。该模型主要围绕情绪在个体心理感受层面进行了刻画，并没有体现情绪体验中所伴随的生理、认知及行为结果的变化。另外，在该模型中，个体无法同时体验高强度水平的积极情绪和消极情绪。这一点受到了之后研究者的质疑。

（3）沃森（Watson）和特勒根（Tellegen）的环形模型[10]

沃森和特勒根的环形模型，区别于罗赛尔的模型，认为积极情绪和消极情绪可以同时存在，并将积极情绪和消极情绪作为环形模型的主维度。他们将原环形模型中的愉悦度这一维度顺时针旋转45度（图2-2）。最终模型上，作为两个主轴的积极情绪和消极情绪，均有唤醒度和参与度对应的体现。所

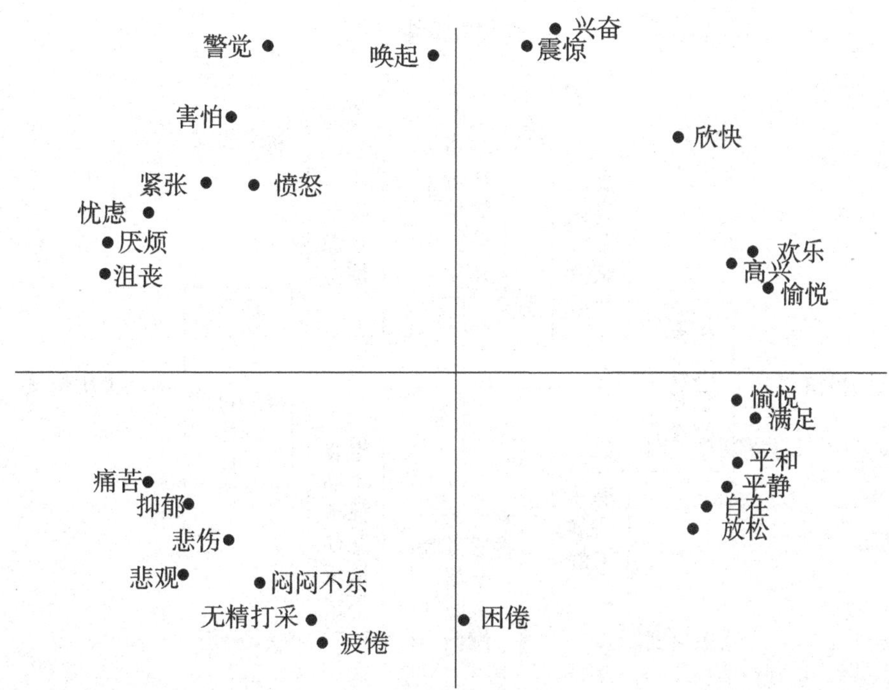

图2-1 罗赛尔的环形模型

以，情绪的效价以及情绪的唤醒度和参与度就完全区分开了。

2.1.3 情绪对个体认知及行为的影响机制

（1）情绪的认知评价理论

情绪是个体基于对外部刺激的认知及评价所产生的心理体验。围绕情绪的评价维度，学者们进行广泛的讨论。其中，克雷格·史密斯（Graig Smith）和埃尔斯沃思（Ellsworth）基于受访者的情绪体验总结了六项情绪评价维度，包括愉悦、预期努力、确定性、注意力活动、自我—他人责任归因 / 控制，以及情境控制[11]。拉扎勒斯（Lazarus）提出了初级评价维度和次级评价维度

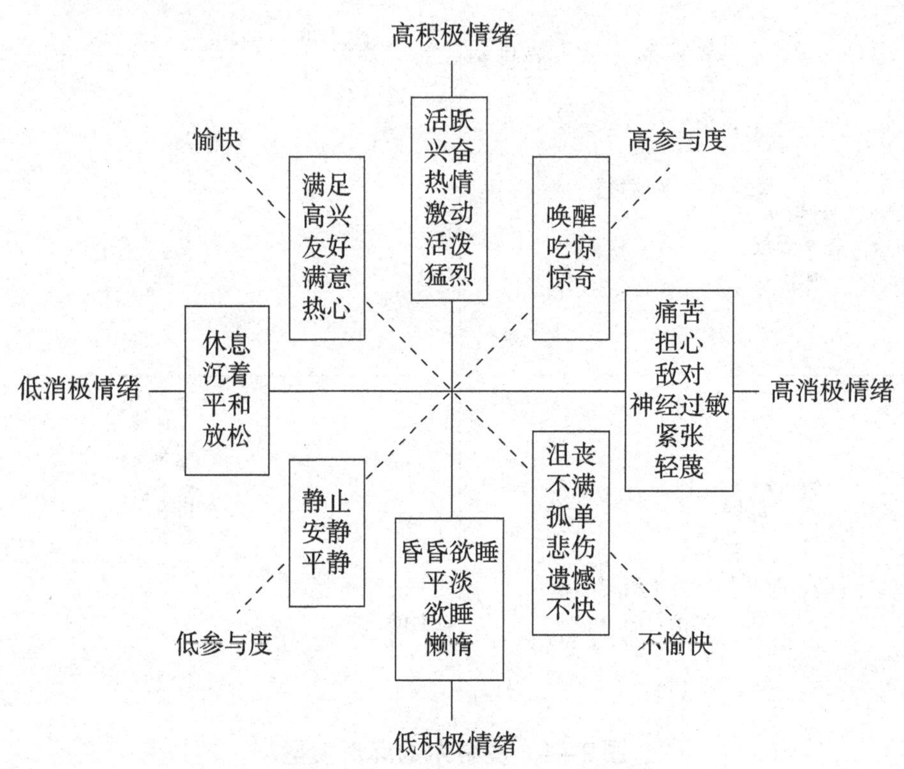

图2-2　沃森和特勒根的环形模型

的观点[12]。初级评价是个体对外部事件的结果的评估，具体包括目标的相关性、目标一致性/不一致性，以及目标内容三个评价维度。次级评价主要关注可供应对的选择和前景，具体的评价维度是责备还是信任、是针对自己还是其他人、应对潜力以及未来的期望。罗斯曼（Roseman）提出了五个认知维度，包括（a）动机状态：渴望/厌恶；（b）情境状态：现在存在/不存在；（c）概率：确定/不确定；（d）合法性：应得/不应得；（e）代理：环境/其他人/自我[13]。韦纳（Weiner）提出了认知评价的三个维度：轨迹、稳定性和可控性[14]。总体来说，克雷格·史密斯和埃尔斯沃思提出的八维度评价指标较为全面，被后续很多研究采用或部分采用。

（2）情绪的功能性理论

情绪的功能性理论认为情绪是自然选择的结果。情绪的核心成分是由生物的基因编码决定的，所以，在生物不断进化这一大的前提下，可以认为个体选择特定的情绪表达及对应的行为倾向是因为只有这样选择才能产生增进个体适应性的最终结果[15, 16]。社会功能理论假设个体具有社会性，会在相互关系中面临生存问题[17]，而情绪是个体解决这些问题，调试社会交互和社会关系的有效手段[16]。另外，虽然情绪持续的时间往往具有不确定性[18]，但情绪作为一个动态过程可以解释个体在社会环境中的持续变化[12]。在这样的理论前提下，凯尔特纳和海特提出，情绪的功能性在个体、个体之间、组织以及文化层面有如下具体的体现[19]：

在个体层面，个体评价过程中产生的情绪作为一种信息，可以直观地告知个体在这一特定社会事件和社会情境中需要进行反应和转换的情况[20]。即使在不了解诱发事件的情况下，特定情绪对应的心理及认知过程也有助于个体更好地回应社会交互中的问题或机会。在个体与他人交互的层面，情绪表达帮助个体了解其他人的情绪、信念和意图，从而帮助个体在社会交互中进行快速调试[19]。情绪交流有助于唤醒其他人的互补情绪，进而促使个体更好地对社会交互进行回应[19]。情绪还可以作为其他社会行为的动力或阻力[21]。在组织层面，情绪有助于个体识别组织边界、自我的组织身份、定义组织角色和身份，以及协助解决组织问题[19]。在文化层面，情绪的功能与在组织层面类似，它有助于个体认定文化身份，帮助个体，尤其是未成年个体学习文化规范与价值观[19]。

（3）情绪的评价倾向框架理论

汉（Han）等[22]和勒纳（Lerner）等[23]提出的评价倾向框架理论（图2-3），是目前消费者行为研究领域应用较为广泛的心理学理论之一。该理论整合了认知评价理论和情绪的功能性理论的核心观点，认为个体会对与外部世界之间的利害关系进行认知与评价，在认知评价基础上将形成自身的认知评价主题和认知评价的核心维度，并最终促进个体情绪的形成。对于具体的评价维度，该理论采用了克雷格·史密斯和埃尔斯沃思提出的八维度评价指标[11]。而对未来事件认知评价的维度将与诱发情绪的认知评价主题对应的评价维度相一致，所以每种情绪均可以激活特定的认知评价倾向以评估未来的事件。特定的评价倾向通过影响个体的信息处理方式，最终影响个体对未来事件的决策[24]。需要特别指出，该理论认为尽管情绪引发的认知、生理及行为变化是为帮助个体

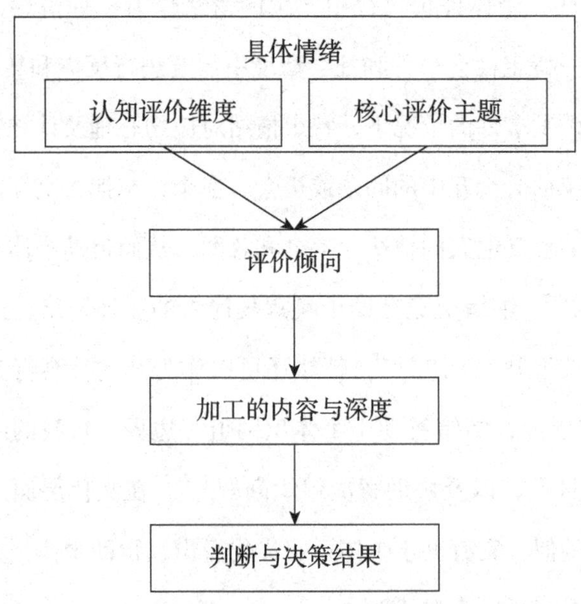

图2-3　情绪的评价倾向框架理论模型

对引发情绪的事件做出反应而量身定制的，但往往会扩及诱发情境之外。这些与情绪相关的心理过程以目标为导向影响及指导个体的后续行为和认知，让个体对与情绪触发无关的对象或事件也做出情绪化反应[25, 26]。

（4）积极情绪的拓展—建构理论

基于情绪效价，情绪可分为积极情绪和消极情绪。弗雷德里克森（Fredrickson）提出二者在进化意义上存在差异[27, 28]。消极情绪暂时性地窄化了个体的认知与行为集合，有助于个体在面对外部的威胁刺激时，更好地集中和调整应激资源以快速地采取行动，躲避威胁，促进生存。与之相对应，由于积极情绪的诱发因素往往产生于相对安全的环境，并不具备威胁性，所以其具备了与消极情绪互补的作用，即拓展—建构功能。具体来说，积极情绪暂时性地拓展了个体的认知与行为集合。该功能促进了个体思维与行为的灵活度和开放性。例如，快乐导致了玩耍、挑战极限和创造的冲动。这种冲动不仅表现在社会行为和身体行为上，还表现在智力行为和艺术行为上。感兴趣会导致探索的冲动，促使个体吸收新的信息和经验，扩展自我；满足感会催生一种渴望，让人坐下来品味当前的生活环境，并将这些环境融入对自我和世界的新看法中；爱是一种包含快乐、兴趣和满足等的复杂情绪，可以创造出与我们所爱的人玩耍、探索和品味的冲动循环。各种情绪所带来的不同的思维、行为倾向，均体现了积极情绪对个体认知—行为储备的拓展[29]。拓展的意识集合将会带来间接和长期的适应性好处，最终将长久地为个体提供资源[27, 28]。积极情绪通过拓展功能调动了更多的资源，进而又提升了人们的积极情绪体验。在这一螺旋式提升的作用过程中，个体将逐渐累积有助于其生存及发展的社会、心理和认知资源等，并最终迈向个体的生存和成功[30]。

2.1.4 消费者行为领域对情绪的研究

（1）消费者行为研究中情绪的分类

①整合情绪和偶发情绪

整合情绪指的是与个体的决策相关的情绪体验，而偶发情绪主要关注的是与个体当下决策和选择毫无关联的主观情绪体验[31]。依据情绪评价倾向框架模型，两类情绪体验均会对个体后续的决策产生影响[31]。在消费行为研究中，围绕消费者的情绪体验，目前较多的研究关注于消费者在消费过程中，品牌、企业、服务人员、服务场景和产品特性等与消费过程相关的各种诱因所带来的特定情绪反应对消费者购买及购后行为的影响，即整合情绪研究。虽然关于偶发情绪对消费者行为的影响的讨论相对较少，但也逐渐开始受到关注。

②总体情绪和单个情绪

部分消费者行为研究者将消费者的总体情绪作为关注重点进行刻画与探讨。该类研究往往以心理学领域的现有研究成果为基础。如威斯特布鲁克（Westbrook）和奥利弗（Oliver）将消费者的情绪刻画为快乐的惊讶，不快乐的惊讶、满足、悲伤和愤怒，以及中性状态五种[32]。杜贝（Dubé)等提炼出三大消费者情绪维度，包括归因于情境的消极情绪、归因于他人的消极情绪以及积极情绪[33]。除了关注消费者的总体情绪，现在越来越多的研究者基于心理学领域对单个情绪的研究基础，将单个情绪的研究引入消费领域中，如惊讶、同情、移情、尴尬、怀旧、内疚和后悔等均是近来的研究热点。

（2）情绪对消费者的认知及行为决策的作用

基于情绪的认知评价理论，消费者在消费过程接受到来自品牌、企业、服务人员、服务场景以及产品特性等因素的外部刺激，通过认知评价形成消费情绪，进一步作用于消费者的决策。所以情绪是解释外部营销刺激对消费者决策产生影响的心理机制。阿马图里（Amatulli）等通过与环保相关的负面信息框架诱发预期羞耻感，从而增加消费者对绿色产品广告的接受程度[34]。哈里森－沃克（Harrison-Walker）发现在服务失败情境下，当服务失败被归因于商家时，消费者会体验到愤怒，进而会产生更多的负面行为结果，包括减少重购以及增加负面口碑行为等，而当失败被归因于自己时，消费者会体验到难为情，进而缓和其后续的负面行为意向。消费者体验到的消极情绪反应取决于对服务归因的感知。因此，服务补救措施对消费者的有效性取决于具体的责任归因所带来的个体情绪感受[35]。切萨雷奥（Cesareo）等发现美好产品激发的敬畏感有助于消费者原谅公司的服务失误行为[36]。拉斯特（Lastner）等发现在服务失败的情境下，相对于自私的服务提供者，善意服务提供者的补救措施会带来消费者更多的感激情绪，进而提升他们的满意度及重购意愿[37]。

评价倾向框架理论提出，个体情绪体验中形成的认知评价倾向会持续地对未来的事件产生影响，即使未来事件与该情绪的诱发因素完全无关。基于此，偶发情绪对消费者行为的影响研究也逐渐增多。鲁德（Rudd）等发现偶发敬畏情绪可以提升人们的学习开放性，进而增强个体对创造型体验类产品的选择偏好[38]。罗韦（Rowe）等发现回忆过去的环保行为所带来的自豪感会增加消费者的绿色购买意愿[39]。苏（Su）等指出偶发愤怒情绪可以促进个体遭遇服务失败后将责任归因于商家，进而更可能产生抱怨，而偶发的恐惧情绪则具有相反的作用，其更可能促使个体将服务失败责任归因于自我，进而减少抱怨[40]。唐（Tong）等还证实积极情绪提升了从众消费，而消极情绪对其有削弱作用[41]。之后唐的团队又证实了感激作为典型的积极情绪同样可以增加私人情境下的从众偏好[42]。

除了作为解释个体消费决策的心理机制和前因变量，情绪也可以调节营销刺激对消费决策的影响。瓦基尔（Vakeel）等提到，在线上快闪销售中，消费者以往的参与体验所带来的积极情绪将增强其交易倾向和未来的参与意愿之间的关系[43]。尼克宾（Nikbin）等发现，消费者的负面情绪会加强服务失误可控性和稳定性归因对转换意图和负面口碑的影响作用[44]。

2.2 敬畏情绪研究综述

2.2.1 敬畏情绪的内涵

(1)敬畏情绪的界定

敬畏是广泛存在的一种情绪体验。在很多生活场景中，我们都能感受到敬畏，比如站在高耸的悬崖边缘，面对宏伟壮阔的风景，瞻仰伟人或者欣赏美妙的艺术作品[1]。宗教领域中关于敬畏的探讨起源于关于宗教人物的描述。对宗教英雄人物充满喜悦又伴随强烈畏惧和震惊的复杂情绪反映了处于敬畏状态下的人们的直观感受。这一强烈而又新奇的体验会使人们产生困惑和惊奇。当困惑得到升华，人们将重获新生，并拥有全新的价值观和人生追求。社会学领域更多地在建立阶层和维系社会秩序的讨论中涉及敬畏。一方面，强有力的领袖人物的出现会激发人们对他的敬畏，促使人们为了领袖人物的目标与理想舍弃个人的利益进行社会变革；另一方面，当变革完成，新的社会阶层和秩序形成，敬畏感有助于个体明确自己的社会从属地位，进而更好地服从社会秩序。哲学领域认为敬畏相关的体验往往来源于力量和模糊事物，如强大到可以控制一切的力量往往可以引发敬畏相关的体验。除了力量，令人难以理解的模糊、神秘的事物往往也容易带来敬畏的体验。心理学领域中有关敬畏的探讨起步较晚，2003年，凯尔特纳和海特首次对敬畏情绪进行剖析和解构，认为敬畏是个体面对超出原有知识范畴的宏大外部存在时，无法基于现有认知框架解释该现象，进而形成的复杂情绪[1,45]，并提出原型敬畏概念，认为其包含感知宏大和顺化的需要两大重要特性。所谓“宏大”，指的是在某些方面挑战个体惯常认知参考框架的一切事物，可具体体现在物理空间、时间、数量、细节的复杂度，以及能力等方面[46]。根据皮亚杰的认知发展理论，所谓“顺化”，是指个体现有的认知框架已经无法同化当下新的体验时产生的心理图式调整的过程[46]。原型敬畏是敬畏概念的核心成员，除此之外，敬畏还涉及五大边缘体验成分，包括威胁（threat）、美丽（beauty）、能力（ability）、美德（virtue）和超自然的因果（supernatural causality）[1]。基于概念的原型理论方法，原型敬畏的重要特性为区别敬畏情绪与其他类似情绪划出了明确的界限，即敬畏情绪体验中必然同时包含两大重要特性，缺一不可[1]。另外，五大边缘成分的提出有效诠释了敬畏体验的内在差异与多样性[1]。不同类型的敬畏体验分别包含特定的边缘体验成分，如野生生物诱发的敬畏体验中包含了美丽和威胁成分[47]。

（2）敬畏情绪的诱发因素及效价体现

敬畏情绪的诱发因素广泛。相较于容易诱发一般积极情绪的物质奖励、个人成就，以及愉悦的社会互动等，敬畏情绪的诱发因素多为感知复杂且包含丰富信息的刺激物[46]。凯尔特纳和海特指出了敬畏情绪的三种诱发来源，具体包括物理因素（如自然景观、教堂、唤起人类敬畏感的音乐等）、社会因素（如伟人、上帝等）和认知因素（如伟大的理论等）。其中，其他人和自然类因素是敬畏情绪的主要诱发来源[48]。在旅游研究领域，学者们证实，旅游地的自然景观和宗教氛围是诱发游客敬畏感的有效因素[49]。皮尔斯(Pearce)等发现，基于自然的旅游目的地，如澳大利亚西北部的金伯利(Kimberley)地区，最令人感到敬畏的场景为海洋动物、美好的事物、生态现象、广阔的地质景观和回想时刻[50]。另外，人们对敬畏诱发因素的敏感程度存在差异。白(Bai)等证实，相对于集体主义文化背景(中国)的个体，个人主义文化背景(美国)的个体更容易被自我引发敬畏；集体主义文化背景(中国)的个体的人际敬畏体验显著多于个人主义文化背景(美国)的个体[51]；百丽格(Pilgrim)等证实，高认知需要、低认知闭合需要和低责任心的个体更容易对复杂多变以及动感、节奏感强的音乐产生敬畏[52]。

情绪诱发因素的多样性使得敬畏体验可以呈现积极状态，如由美好自然景观诱发的敬畏体验；也可以具有负面效价，如基于威胁的敬畏体验。总体来说，在人类的敬畏体验中，大约20%以威胁和危险为特征[48]。积极敬畏与消极(基于威胁的)敬畏体验的共同点在于两者均包含原型敬畏的两大重要特性，即感知宏大与顺化的需要[48]。二者的差异在于诱发因素、包含的情绪成分以及心理效应方面。首先，相对来说，艺术、音乐和建筑更容易诱发积极敬畏，自然因素更容易诱发基于威胁的敬畏[48]。其次，从敬畏体验中包含的情绪成分来看，积极敬畏体验中包含更多的积极情绪成分，消极(基于威胁的)敬畏体验中包含更多的消极情绪成分[48, 53]。最后，与积极敬畏相比，消极(基于威胁的)的敬畏体验降低了个体自我控制感，增加了情境控制感[48]。积极敬畏体验可以提升个体的生活幸福感，促进个体福利水平[46]；消极(基于威胁的)敬畏会导致更多的不确定性和无力感，进而削弱个体福利水平[48]。

（3）敬畏情绪与其他相关情绪的辨析

情绪可分为积极情绪（如自豪、惊奇）和消极情绪（如恐惧、忌妒）。对于积极情绪而言，依据自我/他人导向评价维度，又可以分为自我导向情绪和自我超越情绪[54]。自我超越情绪产生于以他人为导向的认知评价，如同情产生于对其他人不幸遭遇的认知评价，感激产生于对他人大方的认知评价，而崇高则产生于对他人美德的认知评价。其他的积极情绪往往产生于与自我相关的认知评价，如自豪产生于对自我经历的身份提升的认知评价[12]。相较于其他的一般积极情绪，自我超越情绪会将个体的注意力转移到其他人的需求，而不是自己的需求，更易于促进合作和群体稳定，将处于社会关系中的个体团结在一起[55]，具体包括同情、敬畏、感恩、欣赏、敬佩、崇拜、崇高以及爱[56]。由于敬畏是一种具备多重效价表现的自我超越情绪[1]，所以我们将敬畏情绪与自身关联较大的一般积极情绪（自豪、惊奇）、自我超越情绪（崇高、感恩），以及消极效价情绪（忌妒、恐惧）进行比较。

①敬畏与自豪

自豪是典型的自我意识情绪。根据自我意识情绪的发生机理，自豪情绪是当个体聚焦于自我，并激活了积极的自我表征（如个人成就）时所产生的情绪[57]。基于敬畏与自豪的定义，二者在诱发来源与心理效应方面均具有差别。敬畏情绪往往是由外部的宏大事物（如宏伟景观）所诱发，其并不与情绪体验者具有关联，而自豪的诱发因素往往是与个人相关的事件。敬畏情绪体验带来个体自我感知的削弱，增加个体对外部世界的关注，而自豪情绪往往会提升对自我的关注。

②敬畏与惊奇

惊奇往往由超出个体惯有预期的事情诱发[58]。惊奇体验中还包含了敬佩、新奇和困惑等情绪成分。从惊奇的定义可以发现，惊奇与敬畏是极度类似的情绪体验，但二者在以下两个方面存在差异。首先，敬畏较惊奇范围更窄，可以理解为一种肃穆或崇敬的惊奇[58]。其次，敬畏与惊奇同样包含了敬佩、困惑等其他情绪成分，但与惊奇相区别，敬畏情绪体验中往往还包括恐惧等情绪成分，所以二者在情绪构成上也存在差别。

③敬畏与崇高

敬畏与崇高高度关联，同属于自我超越情绪[1, 46, 59]。二者在诱发因素、情绪特征、心理效应和情感强度方面存在差异。首先，崇高是由他人的美德或善事所引发的[60, 61]，而敬畏的诱发因素不仅限于其他人，还包括其他在物理、社会和认知领域某些维度上宏大的存在。其次，原型敬畏同时包含了两大重要特性，这两大特性构成了敬畏与其他情绪的本质区别。感受崇高会伴随个体原有认知参考框架的改变，但这一过程中往往缺乏外部存在的宏大感知[1]。再次，敬畏对个体心理影响范围较为广泛，包括自我概念、时间感知和认知范围等，而崇高的主要效应是促进个体的亲社会表现[62]。最后，敬畏一般由强大的外部存在诱发，所以相对于崇高的诱发因素，其情绪刺激的力量更强[62]。

④敬畏与感恩

感恩是在接受其他人出于友好而给予的帮助或实际好处后，个体产生的一种感激、开心并伴随回报意图的情绪感受[63]。感恩与敬畏亦同属于自我超越情绪[55]。二者的区别为：一是感恩的诱发因素仅限于其他人对个体自身的善意行动，而敬畏的诱发因素更为广泛，不仅限于人际诱发因素。二是人际感恩所带来的行为效应一般仅局限于给予恩惠的人，促使个体产生对于给予恩惠的人的亲近欲望和回报意图[62]；而敬畏情绪主要是使个体感知到外部宏大存在以及产生顺化的需要，所以，该效应并不限于特定的情绪诱发来源。

⑤敬畏与忌妒

忌妒是个体意识到其他人或群体拥有自己想要拥有的事物（如财富、社会地位等）时所产生的包含自卑、敌意和怨恨等成分的痛苦情绪[64]。敬畏和忌妒均是处于从属地位的人对处于支配地位的人的情绪反应[65]。二者的区别为：一是包含的情绪效价及成分不同。敬畏是一种积极的、服从的情绪反应[65]，而忌妒是一种消极的、反对他人优势的、对抗性情绪反应[64]。二是两者导致的行为倾向不同。敬畏通常会削弱对自我的关注，以集体利益为导向，激发人们亲社会行为倾向，而忌妒情绪中的怨恨等负面情绪会促使个体以充满敌意的方式赢得社会竞争[64, 66]。三是两者的社会功能不同。作为原始情绪的敬畏体现了处于低社会地位的个体服从于高社会地位个体的体验。敬畏情绪能够消融敌意，有助于维护社会阶层的稳定[1]，而忌妒则会产生破坏社会阶层的效应。

⑥消极（基于威胁的）敬畏与恐惧

恐惧是与消极（基于威胁的）敬畏最为相近的消极情绪。恐惧具体指的是面对外部环境或自身内在想象中存在的威胁时个体的正常情绪体验，属于典型的本能反应[67]。消极（基于威胁的）敬畏与恐惧的相同点在于二者均由威胁诱发。二者的不同之处在于：一是诱发恐惧情绪的因素泛指一切感知到的威胁，而诱发敬畏的威胁需要包含宏大或强大的特点。二是敬畏是典型的复杂情绪[1, 45]，恐惧是典型的基本情绪[67]。消极（基于威胁的）敬畏情绪体验中，包含恐惧情绪成分[1, 48]。

（4）诱发和测量

①敬畏情绪的诱发

现有研究主要采用情境和材料两种内容对敬畏情绪进行操纵。情境诱发方法包括三种：一是情境回忆，具体是要求被试回忆与敬畏情绪相关的经历，并书写情绪感受（“敬畏是一种对强大的、压倒性事物的反应，会改变你对世界的理解，请写下一段让你感到敬畏的经历”）[68]；也有研究要求被试限定回忆具体内容，如回忆最近由于自然景观引发敬畏的经历（“请花几分钟考虑你最近遇到的使你感到敬畏的场景，可能是日落、从高处俯瞰，或者其他任何你觉得美丽的自然环境”）[2]。二是情境经历，研究者邀请被试在现实场景中进行体验并诱发敬畏情绪。如邀请被试现场观看高耸的树木[2]。三是情境日记，研究者要求被试连续14天在每天晚上的8~10时记录当天感到最为敬畏的经历[48]。

材料诱发法是指要求被试观看、阅读或者聆听实验材料以激发敬畏情绪。实验材料可以是复合材料，如一段1~5分钟的视频材料，也可以是文字等单一材料。视频材料的内容主要包括敬畏情绪的典型诱发因素，如高清自然景观纪录片节选片段，体现高山、瀑布、乌云、龙卷风等[2]，或者与分娩相关的视频记录材料[69]。文字材料可以是关于在埃菲尔铁塔鸟瞰的情景的描述[68]。另外，随着技术的进步，VR技术也已经被用于情绪激发；通过模拟从太空观看地球，也可以成功激发被试的敬畏情绪。

由于敬畏情绪是个体面对外部的宏大存在时产生的情绪反应，所以敬畏研究中通常要求或引导被试回忆和了解外部宏大的事物或场景。情境诱发法和材料诱发法均能有效引发敬畏情绪。总体上，研究者广泛采用情境回忆法和复合材料诱发法。

②敬畏的测量

敬畏的测量工具分为特质量表和状态量表。关于敬畏特质测量，目前应用较为广泛的是希奥塔等开发的积极情绪倾向量表[70]。该量表分为快乐、满足、自豪、爱、同情、幽默和敬畏共七大分量表。邦纳（Bonner）开发的敬畏倾向量表包含存在意识、难以形容的惊奇、开放性和接受度、宏大、联结感、恐惧、神秘感、深刻感、高度感知和当下十个维度，共30个题项[71]。但开放性和接受度与联结感，宏大与神秘感，神秘感与深刻感两两维度之间存在共线性问题。对于敬畏状态的测量，目前广泛采用的是个体报告的方式，在对敬畏情绪进行操纵以后，以单语句的形式，要求被试直接报告感受到敬畏情绪的程度[2, 46]。另外，范·埃尔克（van Elk）等开发了敬畏体验操纵检验问卷[72]，而田野等开发了旅游体验敬畏情绪量表[49]。未来可尝试开发体现敬畏重要特性的特质量表和状态量表。敬畏特质及状态测量量表如表2－1所示。

表2－1　敬畏特质及状态测量量表

测量内容	量表名称	量表开发者	开发年份	维度划分	Cronbach's α系数
敬畏特质	积极情绪倾向量表之敬畏分量表[70]	希奥塔，凯尔特纳和约翰（John）	2006年	单维度	0.78
	敬畏倾向量表[71]	邦纳	2015年	存在意识、难以形容的惊奇、开放性和接受度、宏大、联结感、恐惧、神秘感、深刻感、高度感知和当下	0.94

续表

测量内容	量表名称	量表开发者	开发年份	维度划分	Cronbach's α系数
敬畏状态	敬畏情绪[46]	希奥塔，凯尔特纳和莫斯曼（Mossman）	2007年	单维度	未报告
	敬畏体验操纵检验问卷[72]	范·埃尔克，卡里宁（Karinen）和斯派克（Specker）等	2016年	单维度	0.83～0.97
	旅游体验敬畏情绪量表[49]	田野，卢东和林小苗（Samart Pow Paka）	2015年	未报告	0.898

注：基于前人研究整理。

2.2.2 敬畏情绪对个体认知及行为的影响机理

虽然理论研究认为敬畏情绪效价具有积极和消极两面性，但目前敬畏情绪研究普遍将其视为积极情绪。基于积极情绪的拓展—建构理论，我们认为，作为与其他积极情绪的本质区别，敬畏情绪重要特性（感知宏大和顺化的需要）为该情绪的拓展—建构功能奠定了独特的心理基础。根据皮亚杰的认知理论，个体结合自身的体验以及固有的知识结构的内在意识加工来达到认知和了解世界的目的，并在这一过程中，随着外部信息的动态变化，个体会对自我内在认知进行动态调整，进而达到动态平衡。具体来说，个体在感受到外部刺激时，会先将外部信息和已有认知框架类比，并给出关联路径，即同化；当同化无法进行时，个体会调整原有的认知框架，将外部信息包容在内，即顺化。在敬畏体验中，个体的认知改变包含同化和顺化两个过程[46]。同化是将现在的刺激因子作为已有框架的补充；当个体发现同化仍然无法接受外界信息时，将进一步通过顺化把注意力集中到现有刺激与原有框架的偏差上，然后重新升级框架并将偏差包含在内[46]。所以，通过敬畏体验中的同化与顺化过程，个体产生了认知的更新与拓展。基于此，敬畏情绪形成了自己独特的拓展—建构影响。

基于现有研究成果，我们认为，敬畏情绪的拓展—建构作用体现在三个方面（表2-2）。首先，敬畏情绪体验中的同化与顺化过程拓展了对自我的认知。一方面是对基于现实世界的自我的拓展。个体自我概念中包含有更多的外部世界的成分，这使得个体产生对外部刺激物的聚焦和对自我的削弱（小我）[46]以及对外部世界的联结感，并产生了相关行为偏好（如亲社会行为）。通过巩固与加强与其他人的友谊以及与社会的紧密关系，敬畏促进了个人持久的心理及社会资源的建立。另一方面，敬畏情绪对基于内在意识世界的自我的拓展，促进了个体对更高神圣意义的追求，提升了个体的精神性，进而降低了个体对世俗欲望的追求。敬畏从意识层面促进了人们对更高层次人生目标的向往，进而促进了个人心理资源的建立。

其次，敬畏情绪拓展了对时间的认知。敬畏体验中个体注意力对外部事物的聚焦与沉浸促使个体延长了对时间的感受[68]，并由此增加了对体验类产品（相较于物质类产品）的偏好。通过有效降低由时间压迫所带来的负面心理状态，敬畏情绪提升了个体心理资源。

最后，敬畏情绪拓展了对外部世界的认知。作为成分复杂的积极情绪，敬畏情绪体验的重要特性以及伴随的不确定性感知为个体认知扩展提供了独特的心理基础[1]。敬畏情绪通过拓展对外部世界的认知，加强对外部信息的接收、理解和处理，促进了顺化过程的实现[73]。具体来说，其既拓展了个体认知的广度，使个体更为开放和包容，又增加了个体认知的深度，增进了个体对世界的探索和解释。通过认知广度与深度的提升，敬畏情绪扩充了个体的认知资源。

综上所述，我们认为，敬畏情绪的拓展—建构功能体现在，其拓展了个体对自我和时间的认知，以及对外部世界的认知方式，并由此带来了个体特定的内在及外在表现的改变，在此基础上最终构建了个体持久的社会、心理和认知资源。

表2-2　敬畏情绪对个体认知及行为的影响

敬畏对认知的扩展	与认知扩展对应的心理机制	敬畏对个体行为的影响	建构的个人资源
拓展对自我的认知	小我	敬畏情绪倾向有效预测了个体在经济型游戏中更为大方的表现。相对于自豪、幽默和中性情绪，诱发敬畏情绪提升了个体的道德决策、大方行为、亲社会价值观以及助人行为[2]	社会资源
		相对于自豪、愉悦和中性情绪状态，诱发敬畏情绪会减少攻击行为表现[74]	
		高敬畏情绪倾向的个体有更多的谦卑行为。相对于其他控制情绪，诱发敬畏情绪通过自我消逝提升了个体的谦卑倾向，促进个体对于自身的优势和劣势有更加平衡的认知，并且更加能够承认外界力量在自己所获得的成绩中贡献的力量[55]	
		相对于自豪和中性情绪，敬畏情绪通过自我消逝感提升了对具有社会利益属性品牌的自我品牌联结[75]	
		相对于害羞及中性情绪，敬畏情绪通过降低个体对自我的感知和对自我的关注，增加了集体融入感[51]	
	自我超越	相对于快乐和中性情绪，诱发敬畏情绪会提升自我超越，进而削弱金钱的重要性，并且使得人们有更低的赚钱意愿[76]	心理资源
拓展对时间的认知	时间感知	相对于快乐和中性情绪，敬畏情绪体验提升了对时间可用性的感知，使个体倾向于感到时间更为充足，并降低了个体感知到不耐烦等负面情绪感受的程度，增加了生活满意度。相对于中性状态，敬畏体验使个体对体验（相对于物质）的偏好更高[68]	

续表

敬畏对认知的扩展	与认知扩展对应的心理机制	敬畏对个体行为的影响	建构的个人资源
拓展对外部世界的认知	学习的开放性	相对于快乐和中性情绪，诱发敬畏情绪提升了消费者学习的开放性，进而增加了选择包含更多体验式创造元素的产品的偏好和参与体验式创造行为的内在欲望[38]	认知资源
	确定性感知	相对于其他积极情绪（如满足、幽默）和中性情绪，敬畏情绪状态下，个体被低质量信息说服的程度显著低于在其他积极情绪下。其中，敬畏情绪导致的确定性感知的降低解释了该作用机制[77]	
	不确定性容忍度	相对于幽默与中性情绪，敬畏情绪状态通过降低对于不确定性的容忍度，提升了个体倾向于将事件解释为有意和目的驱动的作用结果[78]	

注：基于前人研究整理。

（1）敬畏情绪拓展对自我的认知

①敬畏情绪对基于现实世界的自我的拓展

敬畏情绪建立了以集体主义为导向的自我概念。敬畏情绪使个体的自我概念中包含有更多的外部世界的成分，个人的关注范围从自我拓展到外部更大的整体，并产生对宏大外部刺激物的聚焦和对自我的削弱[46, 79]。皮夫（Piff）等证实，相对于自豪、幽默和中性情绪状态，敬畏情绪促使个体产生了小我（the small self）[2]。小我包含两层含义，一方面是自我消逝感，另一方面是对外部世界的相对宏大感知[2]。希奥塔等和坎波斯（Campos）等也证实相对于其他积极情绪，诱发敬畏情绪的个体产生了更多自己相对于环境的渺小感和对外部环境的关注[46, 79]。

敬畏情绪所带来的集体主义自我概念还体现在提升了个体对外部世界

的联结感，如将社会关系中的个体联结到一起。范·卡佩伦（Van Cappllen）和萨罗格鲁（Saroglou）发现，相较于诱发幽默情绪，诱发敬畏情绪提升了个体对与其他人的一体性（oneness）的感知[69]。白等研究发现，相对于害羞及中性情绪，敬畏情绪通过降低个体对自我的感知和对自我的关注，增加了集体融入感[51]。归属是人们的原始需求，而联结是归属的根本性组分之一[80]。敬畏情绪通过提升个体对外部世界的联结感[81]，满足了个体的基本心理需求，促进了个体对人类社会集体的身份认同，所以敬畏对于提升人们的心理福利水平，建构个人心理资源具有积极意义。

敬畏情绪对集体主义自我概念的提升所带来的对外部世界的关注和对自我的削弱促进了人们的亲社会行为表现。相对于自豪、幽默和中性情绪，敬畏情绪使个体更加大方，更愿意对需要帮助的人施以援手[2, 82]以及更倾向于做出道德决策[2, 83]。施特勒（Steller）等发现，高敬畏情绪倾向的个体有更多的谦卑行为；相对于其他控制情绪，敬畏情绪提升了个体的谦卑倾向，促使个体对于自身的优势和劣势有更加平衡的认知，并且承认外界力量在自己所获得的成绩中贡献的力量[55]。敬畏情绪还会减少不利于社会融入的行为。杨（Yang）等证实，相对于自豪、愉悦和中性情绪状态，敬畏情绪减少了攻击行为表现[74]。在消费领域，美好产品激发的敬畏感有助于消费者原谅公司的服务失误行为[36]。敬畏情绪还提升了对具有社会利益属性品牌的自我品牌联结[75]。

综上，敬畏情绪所带来的亲社会倾向并不限于特定的范围和对象。通过展现亲社会倾向与行为，敬畏情绪巩固与加强了与其他人的友谊以及与社会的紧密关系，最终促进了个人的社会资源的建立。

②敬畏情绪对基于内在追求的自我的拓展

敬畏情绪建立了以自我超越为导向的自我概念，促进了个体对外部更高神圣意义的追求，提升了个体的精神性。精神性是将自我归入更为宏伟的超越性现实，并将万事万物统一为和谐整体的倾向，反映了个体对与超越性现实相关联的追求[69]。自我超越是精神性的核心动机[84]。敬畏情绪作为典型的自我超越情绪，其对精神性有显著的积极提升作用[69, 85, 86]。研究证实，诱发敬畏情绪的被试的精神性水平更高[86]，对富有精神性意义的事物（如旅游目的地）的偏好也更强[59]。另外，以自我超越为导向的价值观与以自我提升为导向的价值观从根本上相互冲突[87]。研究证实，敬畏情绪还削弱了个体的物质主义行为表现，如降低了人们的金钱需求[76]。相对于快乐和中性情绪，诱发敬畏情绪会削弱金钱的重要性，导致人们有更低的赚钱意愿。敬畏情绪还缓解了失去财产所带来的负面情感；相对于快乐、感激、满足和宁静，敬畏情绪条件下，被试在想象和现实中遭受财产损失时报告的负面情感更低[88]。

敬畏情绪有助于个体建立以自我超越为导向的自我概念和价值观，提升了人们对精神性的追求，从意识层面促进了人们对更高层次人生目标的向往，同时也有助于人们摆脱世俗观念（如物质主义）的负面影响。所以敬畏情绪丰富了内在心灵，提升了个人福利，建构了个体的心理资源。

（2）敬畏情绪拓展对时间的认知

敬畏会拓展个体对时间的认知。鲁德等发现，相对于快乐和中性情绪，敬畏情绪体验会使人们沉浸在当下的时刻，进而改变个体对时间的主观感受，延长个体对时间的感知，使个体感受到可用的时间更为充足[68]。鲁德等还发现，敬畏情绪体验通过拓展对时间的认知增加了个体对体验产品的偏好。由于敬畏情绪体验会使人们认为时间更为充足，所以相对于中性情绪，体验到敬畏情绪的个体对体验产品（相对于物质产品）的选择偏好更高。因为体验产品的特性之一是其本质上要求体验者花时间去品味伴随而来的感觉[68]。

时间稀缺感已经成为普遍存在的心理状况。伴随持续的高负荷工作，个体对时间的稀缺感知已经产生了极大的副作用，如睡眠障碍、焦虑等。所以，敬畏情绪通过拓展人们对时间的认知，也许能有效降低由时间压迫所带来的负面心理状态，从而成为提升个体心理福利水平的有效方式。

（3）敬畏情绪拓展对外部世界的认知

基于原型敬畏的两个重要特性，敬畏体验中，个体无法通过同化过程包容外部刺激，由此激发了个体的顺化过程[1]。在这一过程中，同化过程的失败增加了不确定性感知[1]。为了降低个体的感知不确定性，敬畏情绪通过拓展对外部世界的认知，增强认知的广度和深度，以促进顺化过程的实现[73]。

首先，研究者们发现，敬畏情绪拓展了认知的广度。希奥塔等发现，高敬畏情绪倾向的个体对体验的开放倾向更高[70]。在另一项研究中，希奥塔等指出，敬畏情绪倾向与认知闭合需要呈负相关[46]。基里科（Chirico）等证实，诱发敬畏情绪提升了个体的创新性[89]。鲁德等还发现，相对于快乐和中性状态，敬畏提升了消费者开放性学习的程度，进而增加了个体对创造性的体验类产品和行为的偏好[38]。

其次，敬畏提升了认知的深度。敬畏对认知深度的提升主要体现在其增进了个体对世界的探索和解释[73]。一是，敬畏情绪促进了个体的科学思考。戈特利布（Gottlieb）等发现，相对于其他积极情绪倾向（如愉悦、满足和自豪），敬畏情绪倾向增加了个体对科学本质、过程的理解[90]。二是，敬畏情绪也增加了个体对宗教的需求。克劳斯（Krause）和海沃德（Hayward）发现，敬畏与个体在生活中对宗教的意义感知呈正相关[91]。萨罗格鲁等认为，相对于幽默和中性情绪，宏伟自然景观和婴儿出生视频诱发的敬畏情绪，会促进个体的宗教性[86]。瓦尔迪索洛（Valdesolo）和格雷厄姆（Graham）证实，相对于幽默与中性情绪，敬畏情绪状态通过降低对不确定性的容忍度，提升了个体倾向于将事件解释为有意和目的驱动的作用结果（如对超自然的信仰）。虽然科学和宗教看似是完全不同的领域，甚至对于世界的解释往往相互冲突[92]，但科学和宗教具备相同的原始动机，即解释、预测和控制自然世界[93]。所以，敬畏与个体探索科学和对宗教的需求的正相关均体现了其对个体外部世界认知的拓展。

综上所述，作为成分复杂的积极情绪，敬畏情绪体验中的重要特性以及伴随的不确定性感知为个体认知拓展提供了独特的心理基础。这使敬畏情绪区别于一般积极情绪，既拓展了个体认知的广度，又提升了个体认知的深度。由于敬畏情绪的诱发来源往往是包含丰富信息的外部刺激物，如自然景观等[46]，所以其所带来的认知资源将有助于个体在信息丰富的环境中建构新的认知图式。

2.2.3 敬畏情绪对个体认知及行为影响的边界条件

敬畏对人们的认知及行为的影响存在边界条件。鲁德等证实，相对于低闭合需要的个体，敬畏情绪对消费者选择创造性产品的促进作用对于高闭合需要的个体更为强烈[38]。瓦尔迪索洛和戈特利布发现个体的有神论状况（有神论 vs 无神论）对敬畏体验下个体采用的解释框架（科学方式 vs 宗教方式）产生影响[94]；相对于幽默和中性情绪，敬畏情绪状态驱使有神论者远离科学解释，降低了其对科学的解释力感知（如对科学和科学秩序的信仰）。该研究也初步证明了诱发敬畏情绪促使无神论者理解并支持科学解释。白等的研究发现，不同的文化背景下，敬畏情绪对集体参与感的促进效应存在内涵差异[51]。敬畏增强了集体主义文化背景（中国）下个体社会联结的强度，并且增加了个体主义文化背景（美国）下个体对自我社会网络中的人数的感知。这是因为集体主义文化背景下，个体寻求与熟悉的人之间的安全感与强联结，而个人主义文化背景（美国）下，个体倾向于选择更为广泛而松散的社会联系网络，这种网络不仅包括亲人也包括陌生人[95]。

2.2.4 小结

本部分围绕敬畏情绪对自我、时间和外部世界认知的拓展，目前敬畏情绪研究主要集中于心理学及社会学等领域，并就敬畏情绪对一般社会行为的作用及内在机制有了较为充分的讨论。与之相对应，敬畏情绪在消费领域的探讨尚未得到广泛的关注。关于敬畏可能带来的个体独特的消费行为结果，目前相关领域的研究相对不足。

敬畏情绪对自我的拓展体现在两个方面：一方面是对基于现实世界的自我的拓展，促进个体构建了对外部现实世界（自然、其他人、团体和社会等）的追寻，即联结感。另一方面是对基于内在意识世界的自我的拓展，促进个体构建了对内在意识世界（内在理想自我以及更高层次的神圣事物）的追寻，即精神性。虽然联结感和精神性是敬畏情绪在自我概念拓展过程中的典型关联体验[81, 86]，但研究者对其所带来的行为影响的讨论相对匮乏。我们进一步对联结感及精神性理论进行回顾，以便为敬畏情绪的进一步研究提供理论参考。

2.3 联结感研究综述

联结是基于个体生理结构的内心感受，是意识建构过程的重要组分，需要在外部环境中习得。个体通过形成意识进而建立了最终的心理。人们对于与其他个体的联结感知是存在差异的。联结感知的对象可能是家庭、社区这种小群体，也可能是国家、种族或宗教这类大群体。然而，有些个体会突破以上群体的边界，感受到与边界以外的人的联结。实际上，联结的感觉甚至可以扩展到广泛的自然世界。因此按照对象，我们可以将个体的联结感分为自然联结和社会联结。

2.3.1 自然联结

（1）自然联结的界定

自然联结是研究个体与自然世界关系的概念，是个体视自然为自我一部分，感觉与自然世界融为一体的程度。环境心理学领域有大量讨论个人与自然世界之间联结感的研究。亲生物假说认为人类有被自然吸引和依赖自然的天然倾向，所以人类有联结自然的本能需求。生态心理学家提出正确解决人类对自然世界的恶性关系的核心是拓展人们的内在自我，并促使人们充分理解以及领悟其与自然世界之间相互依存的关系[96]。人类学研究也强调人与自然的亲密关系是非常重要的。自然一直是奇迹、敬畏和强化灵魂的重要源泉[97]。

环境心理学研究指出，自然联结是对与自然世界亲密关系的个人感受，具体涵盖个体对自然世界的爱，在自然世界中获得的自由感以及同一感等[98]。还有学者认为，自然联结是个体所感受到的与自然世界的同一感以及联结感[99]。

个体的自然联结一般不随时间和情境的变化而发生波动，反映了个体对其与自然世界相互关系的主观而稳定的内在感受，因此它常常被作为一种个性特质来研究。不过，个体的自然联结也可能会在某些情境中有所改变（比如在自然中散步），所以它同时也可以反映个体的暂时性状态[100]。

（2）自然联结的诱发因素

首先，个体与自然相关的认知会促进个体的自然联结。从个体稳定的特质水平来看，个体与自然相关的知识水平可以积极影响个体的自然联结。例如，在儿童群体中，个体的环境相关的知识水平与其自然联结呈正相关[101]。从个体的状态来看，参与自然相关知识的学习活动可以有效提升个体的自然联结水平。以往研究发现，在大学生及儿童群体中，相对于没有接触自然相关知识时，接触自然相关知识后，个体的自然联结水平显著更高[100，102]。

其次，人们与自然世界的直接接触可以有效提升自然联结。与自然接触的多种方式均被证实可提升自然联结，如室外游玩[103，104]、欣赏美景[105]、游览自然景观[106]，以及接触与自然相关的多媒体内容[107]，都会加强个体与自然之间的联结。与自然世界的接触时间也会影响个体的自然联结；在自然环境中的时间越长，人们的自然联结水平越高[108]。

除了对自然环境的直接了解和接触，研究发现，非自然相关的手段同样可以提升个体的自然联结。对于个体特质来说，豪厄尔（Howell）等证实自然联结能够正向预测个体的正念特质[109]。正念对个体的自然联结状态也有积极影响。因为自然联结的概念更多涉及认知方面[110]，所以从认知角度来看，正念学习通过促进认知思维模式的转变进而提升自然联结。昂斯沃斯（Unsworth）等发现，对于游览自然景观的被试来说，连续3天，每天进行15分钟冥想的被试比没有进行冥想的被试的自然联结水平更高[111]。

(3)自然联结对个体的影响

首先，自然联结提升了个体的身心健康水平。一方面，自然联结有利于个体的生理健康。由于与自然环境及其相关事物的接触是个体生理健康的有效促进因素[112]，而自然联结可以增加个体对自然相关事物和环境的偏好和接触[108]，所以自然联结可以通过提升个体与自然环境之间的亲密接触来提升人们的生理健康水平。迪安(Dean)等证实，自然联结与个体的自我报告的健康水平呈正相关[113]。另一方面，自然联结有利于心理健康。该促进作用可以通过压力修复理论进行解释。压力修复理论认为，自然环境可以提供人类赖以生存的物质，与自然环境的联结可以降低消极情绪，提升积极情绪[114]。基于此，理查德森(Richardson)和麦克尤恩(McEwan)证实自然联结与个体幸福感积极相关[105]。卡帕尔迪(Capaldi)等证实自然联结能够正向预测个体的生活满意程度[115]。李娜和吴建平在大学生群体中发现，自然联结还可正向预测个体的主观幸福感[116]。自然联结还可以缓解个体的焦虑。马丁(Martyn)和布里默(Brymer)发现自然联结与一般焦虑、状态认知焦虑和特质认知焦虑均呈负相关，且自然联结与焦虑之间存在显著的因果关系[117]。

其次，自然联结可以提升和增加个体的亲环境态度与行为。由于关系亲密度会有效促进个体对对方的同理心[118]，所以，当个体与自然在认知与情感上的亲密逐渐增强，会有效提升个体从自然世界角度认知与考虑问题的意愿和行为倾向[119]。例如，舒尔茨(Schultz)等通过测量自然联结发现其与亲环境态度呈正相关[120]；梅耶尔(Mayer)和弗朗茨(Frantz)测量个体对自然的联结感，发现其与亲环境行为呈正相关[99]。具体来说，高自然联结的个体有更多保护植被的意愿[121]，也有更多及时关灯等[105]亲环境的行为。

（4）自然联结的测量

梅耶尔和弗朗茨开发的自然联结量表（the connectedness to nature scale，CNS）结构稳定，信效度良好，并得到了较多研究者的认可与采用[99]。目前，CNS量表已经被翻译修订为简体中文版[122]。2009年，梅耶尔等修改了CNS量表中部分语句的表述，形成了自然联结状态测量量表[106]。现有的自然联结测量量表将被试填答得分的均值作为评价指标，得分越高代表自然联结程度越高。

2.3.2 社会联结

（1）社会联结的界定

科胡特（Kohut）指出，寻求对外部世界的归属感是人类的基本需求，并认为社会联结是归属感的重要组分[123]。李（Lee）和罗宾斯（Robbins）借鉴自我心理学理论，提出社会联结是自我的一种属性，反映了人们对社会世界持久的人际亲密关系的认知[124]。1998年，李和罗宾斯进一步提出社会联结反映了个体与他人的关系；社会联结是个体对外部世界中的他人或社会组织的总体关系亲密程度的内在感受[125]。人际亲密关系体验包含与亲人、同龄人、熟人、集体，以及更广义的组织，甚至整个社会的所有的近关系与远关系的集合，并最终构成了社会联结的基础[125]。这种主观感受存在个体差异，如有些个体能体会到与他人的亲密关系，而有些个体则无法体会。社会联结的提出，为人们感知周围世界提供了有效的社会视角。它反映了人们与周围社会世界联系的世界观，强调的是个人对社会世界的看法，而不是特定类型社会关系的质量或数量，所以社会联结是一种更普遍的体验[125]。

（2）**社会联结的诱发因素**

社会联结既是个体的稳定特质，又会受到个体内在及外在因素的影响。从特质层面来看，社会联结形成于个体的成长历程中。如果个体在成长过程中获得了良好的归属感，则其可建构较高水平的社会联结。反之，如果个体成长历程中没有形成良好的归属感，则其社会联结的建构将受到抑制甚至伤害。从短期来看，社会联结的影响因素可分为社会化因素和非社会化因素。社会化因素包括社会网络[126, 127]、组织成员身份[128]、社会参与以及社会支持[129]。非社会化因素包括人口统计学特征[130]以及物理环境[131]等。另外，近来研究逐渐认识到个体的积极情绪也是社会联结的有效影响因素[132]。大量实验证明，经历积极情绪的个体表现出更多的社会参与[133]、社会包容、对外界的关注[134]，以及人际信任[135]等与社会联结相关的行为。基于此，有研究进一步探究了单个积极情绪对社会联结的积极影响，如感激情绪能够促使个体意识到与其他人的亲密关系[136]；怀旧情绪使人们将旧的社会纽带带回到当下，进而帮助重建与他人的象征性关系，最终加强社会联结[137]。

（3）**社会联结对个体的影响**

社会联结有利于社会融入与促进形成社会关系。基于自我心理理论，高社会联结的个体将社会情境看作确认他们世界观的机会，他们不仅体验到更多的积极情绪（如更低的焦虑、更高的自尊），更重要的是，他们可以投入社会身份中[125]。基于此，高社会联结水平与低社会联结水平的个体会有不同的心理健康水平和社会行为表现。厄尔丁克（Erdinc）发现社会联结有助于个体融入集体并减少孤独感[138]。所以，具备更高水平社会联结的人更容易感受到与他人的亲密感，并且会对他人展现出更多的友好与包容[126]。而低社会联结水平的个体将更加难以应对与他人的关系[125]，并更倾向于感受到焦虑、害羞，以及与他人的距离感。

另外，社会联结作为个体对社会关系的普遍感受，会影响个体在特定社会情境中的行为表现[125]。具体到营销研究领域，学者们发现，社会联结可用于解释消费者的行为偏好。例如，温暖可以通过增加与其他人的亲密感提升对他人意见的有效性感知，进而增加消费者的从众偏好[131]。

（4）社会联结的测量

社会联结最初与归属感紧密关联，被定义为归属感的核心维度。基于此，李和罗宾斯于1995年编制了原始问卷，并于2001年编制了修订版问卷，用于评价人际情景中的亲密体验程度和建立亲密体验的困难程度，后又用学生群体作为被试进行检验，形成校园版。

2.3.3 小结

联结感是反映个体感受到的与外部客观世界关系的综合感受。本研究具体重点关注了反映个体与自然世界关系感受的自然联结，以及反映个体与社会世界关系感受的社会联结。其中自然联结有效地影响了个人亲环境相关态度和行为，而社会联结是个体以社会整体为导向的行为的有效预测因素。所以联结感作为敬畏情绪的典型关联体验，其所带来的行为影响将有助于深化敬畏情绪对基于客观现实世界的特定行为（自然环境以及社会交互相关行为）的影响，并将成为敬畏情绪所带来的特定行为影响的潜在解释机制。

2.4 精神性研究综述

2.4.1 精神性的界定

精神性源自宗教心理学，是人类体验里的一个超越性的维度[139]。基于宗教背景，精神性的定义基本以人与上帝或神的联结为核心。在这一维度下，个体质疑自我存在的意义，寻求将自己归入更大、更超越的现实（宇宙/上帝/其他更高层次的存在），并将一切纳入一个和谐的统一体[140]。该观点是传统视角下对精神性的理解，即虽然承认精神性与宗教性的本质区别，但主张二者高度关联。

基于该视角，研究者将精神性定义为一种个体特性特质。皮埃蒙特（Piedmont）提出，精神性是个体的第六大个性特质，是个体对已知世界和来世的探寻，并且产生强烈及充满意义的自我联结[140]。也有研究者将精神性定义为个体的心理状态，体现对超然存在的理想化追求。帕尔默（Palmer）将精神性定义为人类对与比自我更宏大的事物相联结的理想追求[141]。博斯卡利亚（Boscaglia）指出，精神性是一种信仰，通过个体对自我、他人、自然世界以及其他神圣力量的联结感来构建个体自我的意义[142]。

2.4.2 精神性的诱发因素

（1）消极体验

强烈的负面心理体验和情绪往往促使个体增加对精神性的追求和信仰。如对父母或成年伴侣缺乏依赖的安全感的个体往往会被宗教和精神性的信念、活动和群体所吸引；亲人的去世也可以引发对精神性的兴趣；面对疾病、个人的危机以及负面的生活事件经常可以用来预测对精神性的更多关注与投入[59]。

（2）自我超越体验

精神性以自我超越价值观为导向[140]。有研究指出，积极情绪中的自我超越情绪（如敬畏、崇拜和崇高）同样会对精神性产生积极影响。他们发现，敬畏情绪促使人们对西藏（相比于海地）旅游的选择偏好增加；认为宗教和上帝在其生活中更有意义，对宗教和精神持有更开放的态度[59]。崇高和敬佩通过基本的世界假说（包含对自我价值的信念、对世界和其他人的爱的信念，以及对世界意义的信念）提升了对精神性的积极效应[59]。

2.4.3 精神性对个体的影响

精神性有助于提升个体福利[143]。精神性与个体更有意义的生活、积极的情感体验[144]，以及生活满意度和幸福感[145]呈正相关，并且可以有效降低个体自我伤害行为（如药物依赖）的发生率[146]。精神性还可以抵御压力，成为个体应对压力的重要心理资源[147]。关于精神性与福利之间的正相关关系，目前有两种解释机制：第一种，认知角度。精神信念通常产生统一感和意义感，这种感知能提升福利水平。从这个角度来看，精神性属于制造意义感的系统，并为个体提供一种理解世界、自我、其他生物以及三者间相互作用的方式[148]。第二种，情绪角度。有研究指出，精神性正向影响福利。其中，自我超越积极情绪（敬畏、感激、爱和平和）有效解释了该作用[149]。

精神性会降低个体对世俗欲望（如物质主义）的追求。物质是自我的表达与延伸，对外在物质和世俗欲望的强调反映了个体对自我的关注。精神性将个体的关注点从以自我关注与提升为导向的无限的物质追求转移到更为宏大、更具有意义的层次，进而降低了对物质主义消费的欲望，如精神性降低了消费者对于炫耀产品的偏好[87]。经历精神性体验的人会倾向于使用更少的金钱用于购买商品，另外，相对于回忆愉快经历的个体，回忆精神性经历的个体同样会报告更低水平的炫耀消费[87]。

精神性还会对个体的道德行为产生影响。个体的精神性信念会影响道德决策的制定过程。本质上，具有更高精神性水平的个体信念中将具有更多的道德性[150]。现有研究已经发现，精神性可以有效预测个体做好事的行为、回收行为[151]以及绿色产品购买意愿[152]等。

2.4.4　精神性的测量

由于用途的差异，学者们对精神性的测量内容相对多样，以下为被研究者们采用较多的精神性测量量表（表2-3）。

表2-3　精神性测量量表汇总

量表名称	量表开发者	年份	维度划分	Cronbach's α系数
精神性量表[153]	贾格斯（Jagers）和保拉·史密斯（Paula Smith）	1996年	精神性/宗教性动机、个人代理以及精神福利的关系方面得到支持	0.84
精神性评估目录[154]	霍尔（Hall）和爱德华兹（Edwards）	2002年	单维度	0.52~0.91
精神超越性量表[140]	皮埃蒙特	1999年	祈祷满足、整体性、联结感	0.65~0.85
精神性量表[87]	斯蒂尔曼（Stillman）	2012年	单维度	0.76

注：基于前人研究整理。

2.4.5　小结

精神性反映了个体感受到与内在意识世界关系的综合感受，可以有效地预测个体的以自我提升为导向的行为方式。具体来说，精神性将有助于个体对内在意义的重视与追寻，促使个体选择内在自我提升的行为方式，降低对外在和世俗欲望的追寻。现有研究已经证实，敬畏情绪可以提升个体的精神性水平，所以个体精神性水平提升所带来的行为变化，将为我们基于精神性视角探讨敬畏情绪所带的消费行为结果提供启示，如探究敬畏情绪是否会降低个体的世俗欲望以及增进道德决策等。

2.5 文献述评

本章重点回顾了涉及敬畏、敬畏情绪、联结感，以及精神性的三个核心概念的文献，总结了相关领域的经典与研究进展。在此基础上，我们发现了以往研究存在一定的局限与不足。

敬畏情绪的心理特征所带来的消费行为结果有待丰富。通过对敬畏情绪拓展—建构功能的梳理，我们发现，敬畏情绪对自我的拓展体现在：一是对基于现实世界的自我的拓展，促进了个体构建对外部现实世界（自然、其他人、团体和社会等）的追寻，即联结感。二是对基于内在意识世界的自我的拓展，促进了个体构建对内在意识世界（内在理想自我及更高层次的神圣事物）的追寻，即精神性。虽然联结感和精神性是敬畏情绪对自我概念拓展过程中的典型关联体验[81, 86]，但研究者对其所带来的消费行为影响的讨论相对匮乏。联结感是敬畏所带来的以外部世界为导向的自我概念产生的心理体验。基于联结感体验对个体以客观现实世界为导向的相关行为结果的影响，敬畏情绪是否会带来个体以外部客观世界为导向的行为结果（如以自然环境保护为导向的绿色消费，以社会人际影响为导向的从众消费）？精神性是敬畏通过拓展以内在自我为导向的自我概念而导致的心理体验。结合精神性对个体以内在自我为导向的行为的影响，其是否会促使体验敬畏情绪的个体对外在自我的世俗追求（如炫耀消费）的厌弃，并促进个体的内在自我意义的行为？这些均需要更进一步的研究予以验证。

敬畏情绪的行为影响的边界条件探讨不足。现有研究较多依赖于心理学领域的研究基础。心理学领域侧重于对情绪所产生的一般性影响进行剖析，而营销情境下，我们还需要明确情绪对个体影响的适用条件，以更好地指导企业实践。现有的敬畏情绪文献中，个别文献涉及个体内在特质（如认知闭合需要、文化背景）对敬畏情绪带来的特定行为表现具有调节作用。除了个人特质，人口统计学因素、消费者、产品、品牌，甚至外部情境因素是否同样对敬畏情绪的行为影响产生调节效应？这些问题将需要未来实证研究的检验。

在此背景下，本文选择“敬畏情绪对消费者行为的影响机制研究”作为课题，拟以消费者行为作为落脚点，着眼于敬畏情绪在自然环境保护领域、社会领域以及个人追求领域的独特效应，选取联结感和精神性作为心理机制的研究方向。具体来说，分别探讨敬畏情绪通过提升联结感，促进以自然环境为导向的绿色消费行为和以社会利益为导向的从众消费行为，以及敬畏情绪通过提升精神性，抑制以自我（外在）提升为导向的炫耀消费行为。同时，综合运用问卷调查和实验方法，检验敬畏情绪对以上三种消费者行为偏好的独特影响以及效应成立的边界条件。

第3章

敬畏情绪对绿色消费行为影响机制研究

3.1　研究背景

绿色消费对于环境保护具有重要意义。目前环境保护的提倡和引导往往以各级公共部门为主角，出台一系列的环境保护法律和法规来引导和规范民众行为。公共政策研究也成为绿色消费研究领域的主旋律。然而，从经济理性的角度来看，相对于非绿色消费，绿色消费往往以牺牲个人利益为代价换取公众及社会的整体利益，如绿色产品一般定价较高、使用不便、获取途径有限[155]。因此，基于引导理性认知诉求的价值观的刚性公共政策对个体绿色消费行为的影响较为有限。有学者提出，对于环境保护相关的行为，情感因素比认知因素的影响更加直接和深刻[156]。在这种背景下，社会管理学家提出以人的情感为根本出发点的柔性管理方式，通过形成共同的价值观和意识形态影响个体行为[157]。相较于外部刚性政策管控，真正从引导消费者个体内在情感的角度出发，采用柔性方式提升绿色环保理念的接受度正在成为绿色消费理论研究和实践管理的新的探索方向。本文聚焦于敬畏情绪——一种个体在日常生活中经常能够体验到，但又常常被研究者忽略的深刻情绪，并从联结感视角探索敬畏情绪对绿色消费行为的影响机制，以此对宏观政策制定和营销实践提供参考。

3.2 文献综述与理论假设

3.2.1 绿色消费行为

绿色消费领域的相关学术讨论始于20世纪70年代。对于什么是绿色消费，学者们从不同的角度予以界定和定义。绿色产品主要包括对环境不会造成（可能）危害的产品[158]。而对于绿色产品的评估需要涵盖产品来源、生产、运送、消费，以及处理的全过程所造成的对环境的影响[158]。与此相对应，劳可夫认为绿色消费行为是指个体在消费的全过程中将环境保护考虑在内，以尽量减少其所带来的对环境的消极效应[159]。吴波等提出绿色消费是指个体实际做出或者主观意识上声称购买包含环保属性的产品[155]。绿色消费还被认为是消费者在个人利益和环境保护之间达到的平衡[160]。

目前学者们较多关注消费者个人内在因素在绿色消费行为决策中所起的作用。张（Cheung）和涂（To）指出消费者的环境意识（价值观）对环境问题和生态社会效益的态度会产生强烈的影响，进而促进绿色购买行为[161]。具体来说，具有环境保护价值观的消费者对具有环境保护属性的产品的偏好程度更高[162]。普拉卡什（Prakash）等还发现利他价值观同样可以预测消费者对具有环保包装的商品的消费[163]。盛光华等专门对中国群体进行调查发现，中国文化价值观通过消费方式（领导、成本意识和发展意识）显著预测消费者的绿色购买意愿[164]。研究还发现，个体的宗教态度也能够正向预测绿色消费[165, 166]。除了价值观，个体具备的环境保护知识对绿色消费同样具有积极影响。具体来说，环境保护知识会促进消费者的环保态度，并减小其与环保行为之间的距离[167]。此外，以往研究还关注与环境保护相关的情境诱发

的情绪，它往往会增加个体的环境保护相关行为。如由社会规范所带来的对于从事环境保护行为的预期自豪情绪，对于未从事环境保护行为的预期内疚情绪，以及对于气候变化产生的恐惧情绪对个体环境保护行为都有积极影响[168，169]。个体回忆过去环保经历所带来的自豪情绪会提升其后续的绿色消费意愿[39]。与环保相关的负面信息框架所诱发的预期羞耻感会增加消费者对绿色产品广告的接受程度[34]。

3.2.2 敬畏情绪与绿色消费行为

由于对生态环境的关注，以及出于保护自然环境的基本动机，绿色消费往往伴随着消费者个人时间、经济以及精力等成本的增加。这就需要消费者能够建立自我超越的价值观，降低对个人利益的关注。而敬畏作为典型的自我超越情绪体验，会抑制对自我的关注，增强对外部世界的感知，促使个体认为自我是外部世界的一部分[46]，因此有利于建立基于外部整体利益（包括自然世界和人类社会）的决策视角[46]。现有研究已经证实敬畏情绪可以通过抑制自我关注和增强对外部世界的感知，对以外部世界（如人类社会、其他人）利益为导向的行为产生影响[2]。可以推断，敬畏情绪同样可以促进以外部世界的另一重要组成部分——自然环境利益为导向的绿色消费行为。另外，资源支持理论也为敬畏与绿色消费行为之间的正相关关系提供了理论依据。该理论指出个体的注意力是有限资源，对自我过多的关注将减少关注周边环境的精力。而个体的关注点将影响行为导向，如对自我的高度关注会增加做出自我导向行为的可能性，比如炫耀消费[170]。所以敬畏情绪将个体对自我的关注转移到对周边环境的关注，有利于提高个体从事以亲环境为导向的绿色消费的行为倾向。基于此，我们提出以下假设：

H1：敬畏情绪提升绿色消费行为。

3.2.3 敬畏情绪、自然联结与社会联结

敬畏情绪诱发因素、内在成分以及情感效价均具有高度复杂性[45]。凯尔特纳和海特基于原型理论，提出了原型敬畏情绪的两个关键特性，感知宏大和顺化的需要[1, 53]。这两个核心特性有助于理解敬畏情绪对个体自然联结和社会联结的影响。

首先，宏大指所有比自我强大的外部存在[53]。敬畏情绪的诱发因素，一般都是在物理尺寸、社会身份或者认知感受等层面挑战个体既有认知结构的事物，如宏大的景观、震撼的感情和美轮美奂的艺术品。这些冲击性的事物或场景往往能引发超越性的体验，令人产生世间万物都是相互联系、互相依赖的感知[69]。

其次，顺化指外部的宏大刺激物所带来的新体验与现有的认知参考框架不相适应时的心理重建过程[1]。这一过程中认知参考框架的调整将促使个体吸收新的信息并提升自身对新体验的开放性。对新体验的开放性可以模糊自我与外部世界的意识边界，而联结感的特征即为人类与其他人或生物的边界的模糊化[171]。

根据以上关于敬畏情绪的核心特点对个体心理的影响的论述，可以推断，敬畏体验会提升个体与外界的联结感。另外，有学者指出，敬畏体验中往往伴随着联结感，导致个体倾向于将自我归属于外部更大的世界，如人类社会、自然环境等[81]。所以，我们提出假设：

H2：敬畏情绪提升个体的自然联结。

H3：敬畏情绪提升个体的社会联结。

3.2.4 自然联结、社会联结与绿色消费行为

自然和社会是人类接触的最核心的两大外部世界。人类对自然和社会的关系感知也将对个体的心理和行为产生影响。自然联结侧重于个体对自我与自然世界关系的主观感受。由于关系亲密度会有效促进个体对他人的同理心[172]，所以，当个体与自然在认知和情感上的亲密度逐渐增强，会有效提升个体从自然世界角度认知与考虑问题的意愿和行为倾向[119]。如高自然联结的个体有更多的保护植被意愿[121]，以及更多的环保行为，如及时关灯、给环保组织捐款等[105,132]。同理，社会联结包含了自我与其他人、组织乃至整个社会总体亲密关系的内在觉知[173]。高社会联结会提升个体与他人的关系感知以及对他人的同理心，使得个体更倾向于基于他人利益考虑问题[172]。由于环境保护的出发点不仅基于自然世界的利益，也基于全体人类的福祉。所以社会联结同样可以促进以保护环境为动机的行为意向。有研究证实，社会联结可以对消费者的环保消费重购意愿产生积极影响[174]。所以，现有研究结论为自然联结和社会联结对绿色消费行为的积极影响提供了理论支持和实证依据。基于以上内容，我们假设：

H4：自然联结提升个体的绿色消费行为。

H5：社会联结提升个体的绿色消费行为。

3.2.5 人口统计学变量的调节作用

人口统计学变量是绿色消费理论研究最初关注的影响因素。有些研究认为，年轻人、高学历和高收入人群的绿色消费行为会更多[175]。而很多学者指出，各人口统计学因素对绿色消费行为产生的效应总体并不有力，并不能作为消费者绿色决策的内在影响因素。虽然学者们对人口统计学因素与消费者绿色决策的关系并没有形成一致性的观点，但普遍认为，个体的内在感受较人口统计学因素对消费者的环境保护行为的影响更为显著，并且，人口统计学因素往往调节了个体内在感受对环境保护相关行为的影响[176]。所以，本研究认为人口统计学变量（性别、年龄、受教育程度和月收入）将调节个体敬畏情绪对绿色消费行为的影响。基于此，我们假设：

H6：性别调节敬畏情绪对绿色消费行为的影响。

H7：年龄调节敬畏情绪对绿色消费行为的影响。

H8：受教育程度调节敬畏情绪对绿色消费行为的影响。

H9：月收入调节敬畏情绪对绿色消费行为的影响。

综上所述，本研究的概念模型如图3－1所示。

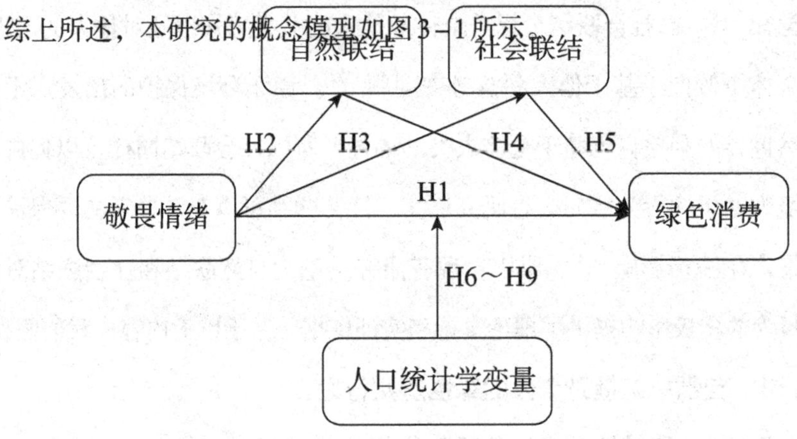

图3－1 敬畏情绪对绿色消费行为影响的概念模型

3.3 研究设计

3.3.1 数据样本

研究所用样本通过网络样本服务平台收集。整个过程共回收有效问卷483份。其中，女性样本数量为266个（55.1%），男性样本数量为217个（44.9%）。样本主要集中在40岁以下人群，其中25岁及以下样本109个（22.6%），26~30岁样本118个（24.4%），31~40岁样本184个（38.1%），41岁及以上样本72个（14.9%）。学历层次主要集中在本科，其中，专科及以下学历79个（16.4%），本科学历360个（74.5%），硕士及以上学历44个（9.1%）。近半数样本月收入在5000~10000元（48.2%），月收入5000元及以下样本147个（30.4%），月收入10000元以上样本103个（21.3%）。

3.3.2 变量测量

本研究的自变量及因变量的测量方法均得到过良好验证，来源于前人文献。总量表采用李克特7点测量，并采取回译技术，确保中英文量表内容的一致。具体量表内容请见表3-1。

1）敬畏情绪。为了更好地反映一般情境下个体稳定的敬畏情绪水平，本文采用希奥塔等开发的敬畏情绪倾向测量量表，共6个题项，Cronbach's α 值为0.891[70]，KMO值为0.906，$p<0.001$，方差解释比为65.174%，所有题项因子载荷均大于0.5。

2）自然联结。参考梅耶尔和弗朗茨修订形成的8题项量表[99]，Cronbach's α 值为0.901，KMO值为0.927，$p<0.001$，方差解释比为59.619%，所有题项因子载荷均大于0.5。

3）社会联结。参考李和罗宾斯修订形成的5题项量表[124]，Cronbach's α 值为0.872，KMO值为0.856，$p<0.001$，方差解释比为66.225%，所有题项因子载荷均大于0.5。

4）绿色消费行为。参考王建明修订形成的7题项量表[176]，Cronbach's α

值为0.892，KMO值为0.923，$p<0.001$，方差解释比为61.261%，所有题项因子载荷均大于0.5。

表3-1　概念框架中四个变量的量表内容及来源

变量	测量语句		来源
敬畏情绪	X01	我经常感到敬畏。	希奥塔等[70]
	X02	我周围充满美好。	
	X03	我几乎每天都感到惊奇。	
	X04	我经常在周围的事物中找寻规律。	
	X05	我有很多机会欣赏大自然的美景。	
	X06	我寻求某些体验来挑战自己对世界的理解。	
自然联结	X07	我感觉与周围的自然世界是一体的。	梅耶尔和弗朗茨[99]
	X08	我认为自己所属的自然世界是一体的。	
	X09	我能够察觉并欣赏其他生命体的智慧。	
	X10	我经常感受到与动物、植物之间的亲切感。	
	X11	我对我的行为如何影响自然世界有很深刻的理解。	
	X12	我经常感觉自己是生命网络的一部分。	
	X13	我感觉到地球所有的居民（人类以及非人类）分享共同的生命力。	
	X14	就像树木是森林的一部分，我感觉到自己属于更广阔的自然世界。	
社会联结	X15	在熟悉的人中间，我感觉到真正的归属感。	李和罗宾斯[124]
	X16	我感觉自己与人亲近。	
	X17	我有和同伴们在一起的感觉。	
	X18	对于朋友，我有兄弟姐妹的感觉。	
	X19	我觉得我和某个人或某个团体有关系。	

续表

变量	测量语句		来源
绿色消费行为	X20	购买产品时，我会选择对环境污染小的产品。	王建明[176]
	X21	一旦得知某产品对环境有污染，我就尽量不再购买或使用它。	
	X22	我常劝说家人购买对环境污染小的产品。	
	X23	我尽量购买节能的家用产品。	
	X24	购买产品时，我会考虑其是否有环保标志（如节能标志、节水标志等）。	
	X25	我通常把废旧纸张（废纸箱、旧报纸等）收集起来，然后卖掉或给别人。	
	X26	我通常把空饮料瓶、酒瓶或其他瓶罐收集起来，然后卖掉或给别人。	

3.4　模型分析与假设检验

3.4.1　验证性因子分析

首先对敬畏情绪、自然联结、社会联结以及绿色消费行为四个潜变量进行验证性因子分析。结果如表3-2所示，各潜变量组合信度（CR）大于0.8，表明测量各变量所使用的量表均被证实具有高度的内部一致性。各潜变量平均提取方差值（AVE）均高于0.5，说明量表具有良好的收敛效度。

表3-2　验证性因子分析结果

潜变量	题项	因子载荷	CR	AVE
敬畏情绪	X01	0.752	0.894	0.585
	X02	0.764		

续表

潜变量	题项	因子载荷	CR	AVE
敬畏情绪	X03	0.848	0.894	0.585
	X04	0.735		
	X05	0.800		
	X06	0.757		
自然联结	X07	0.716	0.904	0.541
	X08	0.712		
	X09	0.704		
	X10	0.684		
	X11	0.754		
	X12	0.810		
	X13	0.674		
	X14	0.672		
社会联结	X15	0.710	0.875	0.586
	X16	0.759		
	X17	0.727		
	X18	0.868		
	X19	0.782		
绿色消费行为	X20	0.700	0.895	0.549
	X21	0.780		
	X22	0.690		
	X23	0.730		
	X24	0.706		
	X25	0.680		
	X26	0.715		

然后进行判别效度检验，结果如表3-3所示，敬畏情绪、自然联结、社会联结以及绿色消费行为四个潜变量的 AVE 的平方根均大于对应潜变量与其他潜变量的相关系数，说明各量表具有良好的判别效度。

表3-3 判别效度检验

潜变量	均值	标准差	相关系数			
			敬畏情绪	自然联结	社会联结	绿色消费行为
敬畏情绪	5.522	0.906	0.765	—	—	—
自然联结	5.861	0.785	0.401***	0.736	—	—
社会联结	5.550	0.920	0.284***	0.412***	0.766	—
绿色消费行为	5.768	0.852	0.373***	0.590***	0.487***	0.741

注:*** 表示p<0.001;相关系数部分对角线位置所对应的数值为各潜变量AVE的平方根。

3.4.2 假设检验

本研究使用AMOS 21.0软件，采用结构方程模型(SEM)方法。结构方程模型的拟合优度如下，χ^2/df=1.519，NFI=0.937，RFI=0.930，CFI=0.977，GFI=0.934，PGFI=0.783，PNFI=0.847，RMSEA=0.033。各项指标均处于统计意义的可接受范围内，表明该模型结构通过了拟合优度检验，可以基于该模型进一步检验各理论假设的合理性。表3-4的路径系数结果表明，敬畏情绪对绿色消费行为有显著正向影响(β=0.109，p=0.005)，假设1得到支持；敬畏情绪对自然联结有显著正向影响(β=0.483，$p<0.001$)，假设2得到支持；敬畏情绪对社会联结有显著正向影响(β=0.258，$p<0.001$)，假设3得到支持；自然联结对绿色消费行为有显著正向影响(β=0.389，$p<0.001$)，假设4得到支持；社会联结对绿色消费行为有显著正向影响(β=0.306，$p<0.001$)，假设5得到支持。该结果表明，敬畏情绪既可以直接影响绿色消费行为，又可以通过自然联结和社会联结间接影响绿色消费行为。

表3-4 概念模型标准化路径系数

假设	标准化系数	S.E.	C.R.	p	结果
H1：敬畏情绪→绿色消费行为	0.109	0.039	2.785	0.005*	支持
H2：敬畏情绪→自然联结	0.483	0.055	8.749	***	支持
H3：敬畏情绪→社会联结	0.258	0.042	6.086	***	支持
H4：自然联结→绿色消费行为	0.389	0.045	8.604	***	支持
H5：社会联结→绿色消费行为	0.306	0.050	6.155	***	支持

注：* 表示 p<0.01，*** 表示 p<0.001。

最后检验人口统计学变量对敬畏与绿色消费行为关系的调节效应。我们采用逐步回归的方法，先检验性别的调节作用。对敬畏情绪得分进行中心化处理后，将性别（0=男，1=女）和中心化的敬畏情绪得分放入回归方程第一层；再将中心化的敬畏情绪得分和性别的交互项纳入回归方程第二层。具体结果见表3-5。

表3-5 性别的调节作用检验结果

变量	模型1	模型2
第一步（主效应）		
敬畏情绪	0.366***	0.361***
性别	0.237***	0.236***
R^2	0.195	—
调整后R^2	0.192	—
ΔR^2	0.195***	—
F	58.311***	—
第二步（调节效应）		
敬畏情绪 × 性别	—	-0.200***
R^2	—	0.236
调整后R^2	—	0.231
ΔR^2	—	0.040***
F	—	49.203***

注：*** 表示 p<0.001；因变量为绿色消费行为。

模型1表明，敬畏情绪能显著预测绿色消费倾向（β=0.366，p<0.001），性别对绿色消费行为的影响显著（β=0.237，p<0.001）。模型2表明，敬畏情绪与性别的交互项对绿色消费行为影响显著（β=-0.200，p<0.001），所以性别调节了敬畏情绪对绿色消费行为的影响。假设6得到支持。

为了更直观地明确性别的调节作用，本研究采用简单斜率分析方法对性别的调节作用进行分析。首先以敬畏情绪为自变量，以绿色消费行为为因变量，分别对男性组和女性组进行一元线性回归。得到敬畏情绪的标准化回归系数在男性组为0.568（t=10.116，p<0.001），在女性组为0.201（t=3.342，p=0.001）。然后将敬畏情绪得分以平均值为标准划分为低敬畏情绪组和高敬畏情绪组，计算两组平均数并分别代入计算敬畏情绪对绿色消费行为的回归方程，得到绿色消费行为在低敬畏情绪组和高敬畏情绪组的预期得分（图3-2）。

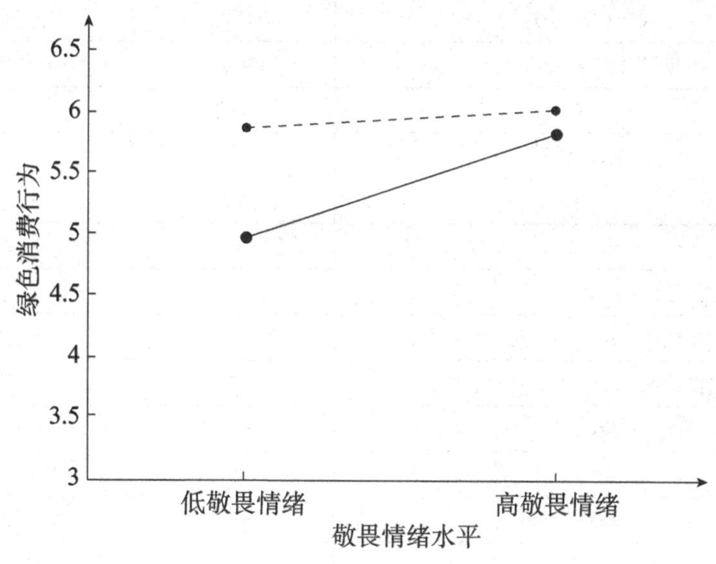

图3-2　性别的调节作用示意图

男性　女性

由图3-2可以看出，无论敬畏情绪水平如何，女性的绿色消费行为得分一直保持在较高水平，而男性群体的绿色消费行为水平随着敬畏情绪的增加提升更快。

其次检验年龄的调节作用。将年龄（0=25岁及以下，1=26~30岁，2=31~40岁，4=41岁及以上）和中心化的敬畏情绪得分放入回归方程第一层；再将中心化的敬畏情绪得分和年龄的交互项纳入回归方程第二层。具体结果见表3-6。

表3-6　年龄的调节作用检验结果

变量	模型3	模型4
第一步（主效应）		
敬畏情绪	0.368***	0.367***
年龄（26~30岁）	0.018	0.021
年龄（31~40岁）	0.059	0.061
年龄（41岁及以上）	−0.003	−0.005
R^2	0.142	—
调整后R^2	0.135	—
ΔR^2	0.142***	—
F	19.841***	—
第二步（调节效应）		
敬畏情绪 × 年龄（26~30岁）	—	0.040
敬畏情绪 × 年龄（31~40岁）	—	−0.005
敬畏情绪 × 年龄（41岁及以上）	—	0.015
R^2	—	0.145
调整后R^2	—	0.132
ΔR^2	—	0.002
F	—	11.469***

注：*** 表示 p<0.001；因变量为绿色消费行为。

模型3表明，敬畏情绪能显著预测绿色消费倾向（β=0.368，p<0.001），年龄对绿色消费行为的影响不显著（$\beta_{敬畏\times 26\sim30岁}$=0.018，$p$>0.05；$\beta_{敬畏\times 31\sim40岁}$=0.059，$p$>0.05；$\beta_{敬畏\times 41岁及以上}$=−0.003，$p$>0.05）。模型4表明，敬畏情绪与年龄的交互项对绿色消费行为的影响作用不显著（$\beta_{敬畏\times 26\sim30岁}$=0.040，$p$>0.05；$\beta_{敬畏\times 31\sim40岁}$=−0.005，$p$>0.05；$\beta_{敬畏\times 41岁及以上}$=0.015，$p$>0.05）。所以年龄的调节作用不显著，假设7不成立。

然后检验受教育程度的调节作用。将受教育程度（0=本科以下，1=本科，2=硕士及以上）和中心化的敬畏情绪得分放入回归方程第一层；再将中心化的敬畏情绪得分和调节变量受教育程度的交互项纳入回归方程第二层，具体结果见表3-7。

表3-7　受教育程度调节作用检验结果

变量	模型5	模型6
第一步（主效应）		
敬畏情绪	0.373***	0.373***
受教育程度（本科）	0.075	0.072
受教育程度（硕士及以上）	0.027	0.016
R^2	0.144	—
调整后R^2	0.138	—
ΔR^2	0.144***	—
F	26.761***	—
第二步（调节效应）		
敬畏情绪 × 受教育程度（本科）	—	-0.055
敬畏情绪 × 受教育程度（硕士及以上）	—	0.014
R^2	—	0.147
调整后R^2	—	0.139
ΔR^2	—	0.004
F	—	16.499***

注：*** 表示p<0.001；因变量为绿色消费行为。

模型5表明，敬畏情绪能显著预测绿色消费倾向（β=0.373，p<0.001），受教育程度对绿色消费行为的影响不显著（$\beta_{本科}$=0.075，p>0.05；$\beta_{硕士及以上}$=0.027，p>0.05）。模型6表明，敬畏情绪与受教育程度的交互项对绿色消费行为的影响作用不显著（$\beta_{敬畏\times本科}$=−0.055，p>0.05；$\beta_{敬畏\times硕士及以上}$=0.014，p>0.05）。所以受教育程度的调节作用不显著。假设8不成立。

最后检验月收入的调节作用。将月收入（0=5000元及以下，1=5000~10000元，2=10000元以上）和中心化的敬畏情绪得分放入回归方程第一层；再将中心化的敬畏情绪得分和月收入的交互项纳入回归方程第二层。具体结果见表3-8。

表3-8　月收入的调节作用检验结果

发量	模型7	模型8
第一步（主效应）		
敬畏情绪	0.370***	0.361***
月收入（5000~10000元）	0.060	0.059
月收入（10000元以上）	0.049	0.060
R^2	0.142	—
调整后R^2	0.137	—
ΔR^2	0.149***	—
F	26.527***	—
第二步（调节效应）		
敬畏情绪 × 月收入（5000~10000元）	—	−0.011
敬畏情绪 × 月收入（10000元以上）	—	−0.072
R^2	—	0.147
调整后R^2	—	0.138
ΔR^2	—	0.004
F	—	16.428***

注：*** 表示p<0.001；因变量为绿色消费行为。

模型7表明，敬畏情绪能显著预测绿色消费倾向（β=0.370，p<0.001），而月收入对绿色消费行为的影响不显著（$\beta_{月收入5000\sim10000元}$=0.060，$p$>0.05；$\beta_{月收入10000元以上}$=0.049，$p$>0.05）。模型8表明，敬畏情绪与月收入的交互项对绿色消费行为的影响作用不显著（$\beta_{敬畏\times月收入5000\sim10000元}$=−0.011，$p$>0.05；$\beta_{敬畏\times月收入10000元以上}$=−0.072，$p$>0.05）。所以月收入的调节作用不显著。假设9不成立。

3.5　研究结论和讨论

3.5.1　研究结论

本文探讨了个体敬畏情绪对绿色消费行为的作用机制。研究结论表明敬畏情绪可促进绿色消费。首先，敬畏情绪使个体倾向于基于他人以及社会公共利益做出绿色消费决策。这与以往学者们提出的敬畏提升利他倾向的研究结论相一致：敬畏情绪可以降低对自我的关注，使个人形成更为广阔的自我概念，更加注重整体的利益，增加个体的亲社会（如乐于助人、慈善等）和道德（如对不文明行为的抵制等）行为倾向[2，82，83]。

其次，本研究发现联结感，尤其是自然联结对绿色消费有积极效应。这一结论也印证了费希尔（Fisher）和艾布拉姆（Abram）关于自然联结促进亲环境行为的观点：自然联结是亲环境行为的重要影响因素[177]。一旦个体将自然与自我联系在一起，个体更倾向于将自然环境的保护视为自我概念的构建，而将对自然环境的破坏视为对自我概念的侵犯，所以会更倾向于亲环境行为[121]。

再次，研究结论证实了联结感可以有效解释敬畏情绪与绿色消费之间的关系。以往学者大多关注敬畏情绪的亲社会功能，并认为自我概念的变化，具体是自我消逝感以及对外部环境的关注，有效解释了该效应[2]。本研究更加具体地阐述了敬畏影响自我概念的方式为增进了对自然和社会的联结感，并通过联结感作用于绿色消费行为。

最后，本研究证实了性别对敬畏情绪与绿色消费行为关系的调节作用。以往研究主要关注人口统计学变量对绿色消费行为的直接影响，且尚未得到较为一致的结论[70]。本研究检验性别、年龄、受教育程度和月收入对敬畏情绪与绿色消费行为之间关系的调节效应。结果表明，相对于女性，男性群体的绿色消费行为对敬畏情绪更为敏感，而年龄、受教育程度和月收入对主效应的调节作用并不显著。

3.5.2 理论与实践意义

本研究在以下几个方面取得了较为明显的理论贡献：第一，本研究提出了研究绿色消费行为的新视角。过去对绿色消费前因的讨论多集中在消费者人口统计学变量和认知变量上，忽略了对个体行为起到更为深刻作用的个人情感因素。本研究证实了敬畏情绪对绿色消费行为的积极效应，并检验了人口统计学变量对该效应的调节作用，拓宽了绿色消费行为的研究广度。第二，过去的敬畏情绪相关研究大多聚焦于讨论敬畏情绪对个体心理的影响，较少涉及其对个体行为的作用。本文证实了敬畏情绪不仅增进个体的联结感，还提升了绿色消费行为。该结论增加了敬畏情绪研究的深度。第三，敬畏情绪被认为是一种复杂而深刻的情绪，本研究发现并证实了联结感作为个体追求的一种最基本需求——归属性需求满足的体现，是解释敬畏情绪对绿色消费行为影响作用的有效路径。通过讨论敬畏、自然联结、社会联结和

绿色消费行为之间的关系，本研究拓展了联结感在消费行为理论中的影响范围。

研究结论对于宏观政策制定和产业实践具有一定的启示。在宏观层面，由于敬畏是绿色消费行为的积极影响因素，而建立成熟完善、诚实互信的绿色消费市场体制是获得绿色消费者敬畏感的基础保障。国家需要持续完善绿色消费相关的法律、法规政策，严厉打击虚假宣传、假冒伪劣等严重破坏市场秩序，侵蚀消费者信任与权益的违法行为。在此基础上，各级政府可以尝试结合更加柔性的方式推广绿色消费理念，从消费者的情感体验和个体差异角度出发，通过公益活动、媒体宣传等多种方式，激发民众对自然的天然敬畏感，引导和增进民众对社会的敬畏感，进而实现倡导绿色消费的目标。央视公益广告《器官捐献——心跳篇》正是运用敬畏生命这一情绪，给受众留下了深刻印象。另外也可以通过弘扬人与自然、社会相互联结，以及和谐相处的观念，引导人们认同绿色消费。现实中已有很多公益媒体运用激发自然联结和社会联结的方式实施有效社会营销的例子。对于产业层面，企业面对来自外界环境（如政府、公众和市场）的压力，同样具备环境保护的责任与内在动力。尤其对于绿色产品企业来说，令人敬畏的良好企业形象将是绿色产品持续营销的有力因素。在绿色产品的营销策略上，企业也可以考虑通过提升消费者敬畏感，如呈现宏伟自然景象、震撼的人文场景等，增进绿色消费意愿。

3.5.3　研究局限与展望

本研究的假设通过实证研究的方式得到了较好的支持，但仍然可以在以下两个方面继续探究：一是，敬畏情绪同时具有特质性及状态性特征[53]。本研究侧重从个体稳定敬畏情绪特质的角度进行了检验。未来可尝试检验诱发敬畏情绪对绿色消费行为的影响。二是，为了更好地控制社会赞许性对调查结果的影响，未来可以尝试用实验场景或日常行为指标等方式来测量绿色消费行为。三是，本研究仅基于消费者个体层面对敬畏情绪与绿色购买决策的关系进行了探讨，以此为基础，可以进一步从企业或产品的角度，对本研究结果予以扩展，如探究如何建立与提升产品或品牌敬畏感，及其对绿色消费的引导作用。

第4章

敬畏情绪对从众消费行为影响机制研究

4.1　研究背景

敬畏是广泛存在的一种情绪体验，是面对超出已有认知范畴的宏大外部存在（如宏伟的自然景观、伟人或美轮美奂的艺术作品）时，个体无法基于现有认知框架解释，进而产生的一种复杂情绪[1, 53]。消费者在日常生活中也经常体验到敬畏情绪，一些产品（如特斯拉、iPhone）也被证明能够激发消费者的敬畏情绪[178]。由于受到外部事物的强大刺激，感受到敬畏情绪的个体会扩充其现有的认知参考框架[46]。这一过程会对个体的社会认知产生深刻而持久的影响。目前针对这种会给个体认知和行为带来深刻影响的情绪的研究，大多聚焦于心理学和社会学领域，而关于其对消费行为的影响的研究却十分罕见。由于从众消费是个体依赖他人的一种表现[179]，所以如果通过外部手段（如构建情境、诱发情绪）增进个体对其他人的依赖程度，那么自然会对个体的从众选择带来积极影响[180]。已有研究证实温暖环境会提升个体与其他人的亲密关系感知，进而提升从众消费倾向[131]。我们认为，敬畏对从众消费具有类似的作用。敬畏体验中对宏大事物的感知以及个体认知参考框架的扩展会增强个体与人类社会中的其他人相互联结的感受。这种与其他人相互依存的亲密感受（社会联结）同样将有助于促进个体与他人意见与决策保持一致。

综上所述，本文将基于社会联结的理论角度，研究敬畏情绪对从众消费行为的影响。通过关注敬畏对从众消费的影响，本研究不仅可以拓展敬畏情绪导致的行为结果的研究范围，也会深化对从众消费的情绪前因的探讨。本研究进一步尝试从社会联结的视角解读敬畏对从众消费行为的积极效应，这将有助于丰富现有关于积极情绪体验对从众消费影响的心理机制研究。研究结论也将为企业创新营销实践方式及积极引导消费提供有意义的参考。

4.2 文献综述与理论假设

4.2.1 从众消费行为

从众是一种典型的社会心理现象。人类决策往往受到其他人意见和行为的影响。最早的从众研究起源于20世纪30年代，之后多伊奇（Deutsch）和杰勒德（Gerard）从人际影响的角度提出了个体从众的两大动机为规范性人际影响和信息性人际影响[181]。规范性人际影响主要出于获取奖励或规避惩罚。信息性人际影响主要出于获取准确的信息以帮助自己正确地决策。具体到消费领域，从众也具有广泛的体现。研究者们自20世纪60年代开始围绕从众消费现象展开了讨论。从众消费是指个体在了解到其他人或集体关于产品的评估信息、消费意向及决策结果后，有意识或无意识地改变自己的相关态度、意向和行为结果，与其他人或集体保持一致[179, 180]。结合从众消费的定义以及现有的研究内容，可以发现，目前消费领域对从众的探讨大多围绕信息性动机驱动的从众消费行为展开，对于体现社会压力影响的规范性从众消费行为的研究相对有限[180]。

关于从众购买决策的影响因素的讨论主要包括四个方面。首先，情境因

素。黄（Huang）等发现温暖能够促使消费者从众，因为温暖可以增加亲密感并提升对他人意见的有效性感知[131]。董（Dong）和钟晨波（Zhong）指出个体面对非道德事件后增加了对于威胁社会秩序的感知，进而从众消费意愿更高[182]。

其次，品牌特性。如个体对于奢侈品与必需品，公开消费品与私人消费品的从众购买程度不同。具体来说，相较必需品，消费者对奢侈品的购买受人际影响的程度更高；相较私人消费品，消费者对公开消费品的购买受人际影响的程度更高。

再次，群体属性。消费者所属的群体特征，如组织内成员相似度[181]、组织内的相互依赖程度[181]，以及群体的专业度[183]等均会显著影响消费者的从众化选择。

最后，消费者个人因素。以往从众消费行为影响因素研究主要聚焦于个人特质，如风险厌恶[184]、自信心[184]、自我建构[185]和归属需要[180]等。另外，最近研究表明从众也受到情绪的影响。唐（Tong）等证实积极情绪提升了从众水平，而消极情绪对从众有抑制作用[41]。之后唐的团队又证实感激作为典型的积极情绪同样可以增加私人情境下的从众偏好[42]。然而，情绪效价和从众之间的关系受到格里斯克维丘斯（Griskvicius）等的质疑[186]。该研究发现，恐惧作为典型的消极情绪，通过激活个体的自我保护需要提升了从众水平。该发现意味着效价并不足以区分情绪对从众的差异化影响，应该从单个情绪的角度研究其对从众的作用。

4.2.2　敬畏与从众消费行为

鉴于以往对于从众的情绪前因的研究，我们尝试将敬畏情绪引入从众消费研究中。敬畏是一种典型的以他人为导向的情绪。具体来说，敬畏情绪降低了个体对自我的关注，促使个体将自我概念的内容从自身扩展为包含更多的社会成分，使个体倾向于将自我定义为社会组织的一部分[46]。由于敬畏情绪体验中个体更加关注自我身份中的社会属性，所以其会使个体更加关注他人的利益与看法[55]。现有研究已经发现，敬畏情绪促使个体更倾向于考虑他人利益，进而带来了一系列以他人利益为导向的行为，如乐于助人和分享[2]、谦卑[55]，以及低攻击性表现[74]等。而且敬畏情绪能够促使个体承认其他人和外部力量的价值和贡献[55]，这就为个体与其他人意见保持一致带来了可能性。另外，敬畏情绪通常伴随着社会等级意识[1]。原始敬畏情绪产生于等级制度，体现了处于从属地位的个体对处于支配地位个体的服从[1]，所以敬畏促进了个体对其他人的归属与服从[1]。而服从可以有效预测个体的从众选择。相对于侵略性、支配性的个体，服从性的个体更容易受到从众压力的影响[180]。所以，我们认为敬畏情绪体验中的服从性特征可以增加个体从众选择偏好。

综上所述，敬畏情绪体验带来了对他人意见的承认和关注，并具有服从性特征。所以我们预期，感受到敬畏的消费者将更加关注其他人或集体的意见和选择偏好，从而最终增加与其他人保持一致的倾向。基于此，我们提出以下假设。

H1：敬畏情绪增加了消费情境中的从众行为。

4.2.3 敬畏情绪与社会联结

社会联结指的是对其他人和社会集体的归属感和亲密感[125, 187, 188]。社会联结代表了人类与他人相联系以及归属于其他人或群体的基本需要，构成

了人类社会交互的基础。社会联结通常被看作稳定的个人特质[124]。近来有研究表明，情绪可以有效影响个体的社会联结状态，如感激使人们感受到与其他人的联系并提升了人们对于有助于增加人际关系亲密度的行为的偏好[189]。本研究中，我们提出敬畏具有类似的功能。

联结感是敬畏情绪体验的核心特征之一[69, 81]。敬畏体验使个体的自我概念中伴随着强烈的归属于更大整体的感知[2, 46]和与其他人的联结感[69]。由于敬畏将个体的注意力转移到自我以外更宏大的事物，这种注意力的转移有助于模糊自我与其他人的感知边界，并导致个体感觉到与其他人更为和谐[190]。所以，我们认为敬畏能够提升与其他人的联结感。以往实证研究已经发现了与该论断相一致的结果，如基于解释现象学方法，邦纳和费里德曼（Friedman）提出体验敬畏情绪的人会报告强烈的联结感[81]。个体产生联结感的对象包括宇宙、神灵以及所有生命。同样，相对于其他积极情绪，诱发敬畏感的个体报告了更多与其他人的联结感[46, 69]。另外，敬畏促进了社会融入，使得个体感知到更高的社会联系紧密程度[51]。所以，我们提出假设：

H2：敬畏增加了个体与其他人的联结。

4.2.4 敬畏情绪、社会联结与从众消费行为

普拉德（Prade）和萨罗格鲁认为联结感可以作为解释敬畏情绪的行为影响的潜在心理机制[82]。已经有研究证实，对自然的联结感中介了敬畏情绪对生态行为的积极影响[191]。另外，与其他人的关系感知是解释从众行为的有效心理机制。如温暖可以增加个体对其他人的亲密感知，进而增加个体与其他人意见一致的倾向[131]。敬畏情绪对个体社会关系感知的影响与温暖作用类似。从自我概念的角度来看，敬畏模糊了个体与其他人的感知界

限，导致社会相似感、亲密感[46，69]以及一体感[69]。社会认同理论认为，沉浸在社会组织以及去个性化都可以提升个体的社会身份，并促使个体遵守与其社会身份相关联的标准与规范。即当人们与社会集体感到亲密时，他们会将自己归属于这个集体并认为其他成员是与自我相似的同伴[192]。当个体对集体产生强烈的依附需要时，集体内的同伴将对个体的行为产生重大影响[192]。所以当内部组织作为个体行为决策的参考时，人们会根据群体的态度和信仰来调整他们的行为[193]。

基于现有敬畏情绪以及从众行为影响机制研究，我们认为，社会联结有助于解释敬畏对从众行为的影响。即敬畏情绪通过扩展自我概念，增强了个体与其他人的联结感，最终带来个体的从众意向。所以我们提出假设：

H3：社会联结中介了敬畏对消费者从众行为的影响。

4.2.5 消费者知识的调节作用

个体对产品或服务的了解程度会影响其信息搜索、处理和选择行为[194]。现有的从众研究表明，消费者的知识会减少个体的从众行为倾向。具有较高产品或品牌相关专业知识的人在进行相关决策时会表现出更多的自信[195]。自信是个体决策能力的反映[196]。有研究表明，具备较高能力的人会更少服从于群体影响[196]。因此，人们的知识作为能力的一个指标，会负向影响个体的从众偏好。此外，态度的双重处理模式理论认为[197]，新手更重视外部信息，而知识丰富的个人能够有效地评估信息，并更多地依赖自己的专业知识。在这种情况下，知识丰富的个体倾向于淡化外部信息的影响[198]，进而减少受到他人意见影响而与他人保持一致的可能性[199]。从众反映了个体对外部相互关系信息的敏感性[200]，个人的知识水平被确定为其抵抗因素[199]。

因此，可以合理地推断，相对于低知识水平，高知识水平将减少由敬畏导致的消费者对其他人的依赖，进而导致敬畏与消费者从众行为之间正相关关系的减弱。然后我们提出以下假设：

H4：对于产品知识水平低的消费者，敬畏会增加其从众行为，而对于具备高产品知识水平的消费者，敬畏对从众的影响将被削弱。

综上所述，本研究的概念模型如图4-1所示。

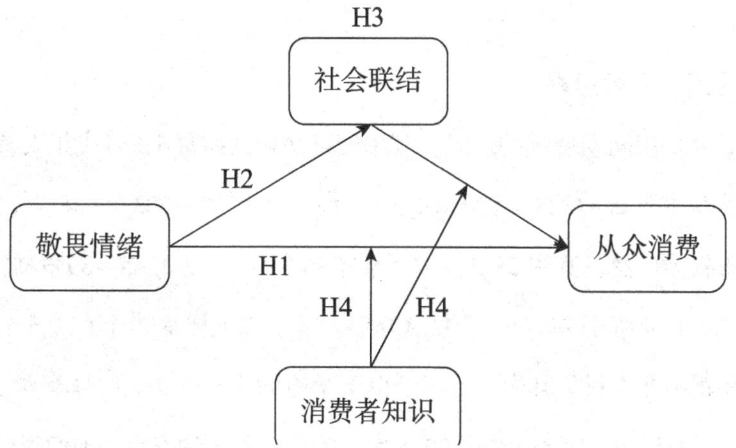

图4-1　敬畏情绪对从众消费行为影响的概念模型

4.2.6　研究设计

本研究旨在检验敬畏对从众消费行为的影响作用。通过四个研究，本研究探讨敬畏是否通过提升社会联结促进从众消费。在研究1中，我们检验了敬畏情绪倾向与从众消费倾向之间的关系。在研究2中，我们在控制一般积极情绪干扰的前提下，检验了敬畏对从众消费的影响以及社会联结的中介作用。研究3旨在确定敬畏对从众消费影响的一般性，侧重于检验基于威胁的敬畏是否对消费者从众行为有显著影响。研究4明确了敬畏情绪对从众消费影响的边界条件，检验了消费者知识的调节作用。

4.3 研究1

本研究主要检验敬畏情绪倾向与从众消费倾向之间的关系。被试首先报告包括敬畏情绪在内的积极情绪体验倾向，然后报告从众消费倾向。

4.3.1 实验过程

本研究采用问卷调查的形式，利用网络平台共招募626名成年人参加。其中，女性样本数量为323个（51.6%），男性样本数量为303个（48.4%）。样本年龄分布较为广泛，其中25岁及以下样本90个（14.4%），26~30岁样本192个（30.7%），31~40岁样本265个（42.3%），41岁及以上样本79个（12.6%）。学历层次主要集中在本科。其中，专科及以下学历98个（15.7%），本科学历481个（76.8%），硕士及以上学历47个（7.5%）。在完成整个调查后，他们得到一小笔金钱奖励。

所有被试首先填写积极情绪倾向量表。该量表由希奥塔等开发[70]，共分为7个分量表，每个量表包含5~6个题项，分别测量幽默（α=0.848，M=4.808，SD=1.054）、敬畏（α=0.785，M=4.857，SD=0.954）、同情（α=0.864，M=5.503，SD=0.897）、满足（α=0.812，M=5.277，SD=0.926）、愉悦（α=0.845，M=5.271，SD=0.896）、爱（α=0.838，M=5.021，SD=0.935）和自豪（α=0.818，M=4.926，SD=0.962）。被试根据个人感受按1~7填答对每个题项描述的同意程度（1=非常不同意，7=完全同意）。我们检验除敬畏情绪倾向以外其他积极情绪倾向的目的是在数据分析过程中排除其他情绪对因变量的干扰。最后，被试填答从众消费倾向量表。我们采用消费者人际影响敏感度量表检验个体的从众消费倾向（α=0.892，M=4.461，SD=0.932）[200]。该量表包括12个题项，并已被以往学者用于检验消费者从众倾向[201]。被试根据个人感受按1~7填答对每个题项描述的同意程度（1=非常不同意，7=完全同意）。

4.3.2　结果分析及讨论

我们检验了积极情绪倾向和从众消费倾向之间的相关关系。结果表明敬畏倾向与从众消费倾向呈正相关。其他积极情绪倾向均与从众消费倾向呈正相关（表4-1）。

表4-1　积极情绪倾向与从众消费倾向相关分析结果

变量	愉悦	满足	自豪	爱	幽默	敬畏	同情
从众消费倾向	0.267***	0.302***	0.297***	0.398***	0.354***	0.285***	0.372***

注：*** 表示 $p<0.001$。

我们进一步采用回归法确定敬畏对从众消费倾向的作用。我们以从众消费倾向为因变量，以愉悦倾向、满足倾向、自豪倾向、爱的倾向、幽默倾向、敬畏倾向和同情倾向作为自变量进行回归分析。结果（表4-2）表明，排除了其他积极情绪倾向影响后，敬畏对从众消费倾向仍然存在显著影响，β=0.226，95% CI=[0.112，0.329]，t=3.997，p<0.001。所以假设1成立。

表4-2　从众消费倾向的回归分析结果

变量	从众消费倾向
愉悦	−0.094
满足	0.071
自豪	−0.076
爱	0.233***

续表

变量	从众消费倾向
同情	0.164**
敬畏	0.226***
幽默	−0.021

注：** 表示 $p<0.005$，*** 表示 $p<0.001$。

以上结果表明，在控制了其他积极情绪倾向（愉悦、满足、自豪、爱、同情和幽默）的潜在影响后，敬畏情绪倾向仍然正向影响从众消费倾向。为了增加研究结果的解释效力，在研究2~研究4，我们采用实验方法诱发敬畏情绪，检验其对从众消费偏好的影响及其心理机制和边界条件。

4.4 研究2

研究2 的主要目的是检验相对于中性情绪状态，在敬畏情绪状态下，个体的从众消费偏好是否受到积极影响。本研究采用自由回忆法诱发目标情绪，并通过模拟的购物任务来检验被试的从众消费行为偏好。该任务要求被试在四类实体产品中依次进行“2选1”的选择。

4.4.1 实验过程

我们邀请了168名华东理工大学在校学生（87位女性）参与了本次实验。所有被试随机分为两组。首先他们按组别分别回忆以往经历以激发敬畏和中性状态。

敬畏组的被试阅读以下说明：“请花1~3分钟的时间回忆最近您生活里感到敬畏的某个经历，或许是看到日出，或许是登高远望，或者其他让您感到敬畏的事情。”中性组的被试阅读以下说明：“请花1~3分钟的时间回忆最近您生活里某个经历，或许是骑自行车，或许是复习备考，或者其他事情。”

在阅读完回忆说明后，被试们写下至少30字来描述当时的经历与感受。接着被试报告感受到敬畏的程度（1=完全没有，7=非常强烈）。为了控制其他积极情绪对从众消费的潜在干扰，被试也需要报告感受到的一般积极情绪（快乐、兴奋、愉悦和感激，α=0.821，M=4.493，SD=1.354）和一般消极情绪（愤怒、恐惧和悲伤，α=0.759，M=2.357，SD=1.287）的程度（1=完全没有，7=非常强烈）。

然后被试填答社会联结量表。该量表参照李和罗宾斯（α=0.742，M=5.374，SD=0.729）开发的量表[124]，共包含8个题项。被试根据个人感受按1~7填答对每个题项描述的同意程度（1=非常不同意，7=完全同意）。最后被试完成模拟购物任务，测量从众消费行为偏好。本研究采用的模拟购物任务参考自黄等[131]。该任务设定了四类产品，牙膏、运动鞋、蓝牙耳机和数码相机。产品的选择主要参照以往研究采用的产品类别进行选定。被试被告知假设某类产品在市场上只有两个可用的品牌。这两个品牌分别被标注为“品牌A”和“品牌B”。这两个品牌的唯一区别是它们的市场份额信息。其中一个品牌的市场份额占绝对优势，另一品牌的市场份额相对较低。四类产品的品牌市场份额信息为：牙膏（品牌A：35% vs 品牌B：65%），运动鞋（品牌A：68% vs 品牌B：32%），蓝牙耳机（品牌A：72% vs 品牌B：28%），以及数码相机（品牌A：75% vs 品牌B：25%）。对于每类产品，如果被试选择高市场份额的品牌，他们的回答编码为1；如果被试选择低市场份额的品牌，则他们的回答编码为0。被试对于四类产品二元回答分数的和值作为消费者从众消费行为的反映指标。

4.4.2 结果分析及讨论

首先进行操纵检验。采用单因素方差分析方法检验敬畏情绪的组间差异。结果表明，敬畏组（M=6.034，SD=0.837）的敬畏情绪水平较中性情绪组更高（M=2.338，SD=1.067），F（1，166）=630.399，p<0.001。所以对敬畏的操纵是成功的。另外，敬畏组（M=4.952，SD=1.192）的被试报告的一般积极情绪较中性情绪组更高（M=3.988，SD=1.348），F（1，166）=24.213，p<0.001。敬畏组（M=2.504，SD=1.251）被试报告的一般消极情绪与中性组（M=2.196，SD=1.315）无差异，F（1，166）=2.418，p=0.122。

其次，检验社会联结和从众消费行为的组间差异。单因素方差分析结果表明，敬畏组（M=5.631，SD=0.579）的社会联结水平较中性情绪组更高（M=5.091，SD=0.774），F（1，166）=26.533，p＜0.001。敬畏组（M=3.912，SD=0.407）的从众消费行为较中性情绪组更高（M=3.488，SD=0.780），F（1，166）=20.886，p=0.001。

我们接着采用哈耶斯（Hayes）的bootstrap方法及PROCESS程序[202]检验中介效应，模型设定为4，样本量设定为5000。具体设置为，从众消费行为为因变量，以虚拟变量（根据情绪分组进行虚拟化，0=中性组，1=敬畏组）作为自变量，社会联结设置为中介变量，一般积极情绪设置为控制变量。结果如表4-3所示。情绪分组对从众消费偏好的直接效应为0.206，95%CI=[0.013，0.400]，不包含0，证明了敬畏组对从众消费偏好的直接效应显著。敬畏组对从众消费偏好的间接效应为0.092，95%CI=[0.038，0.179]，不包含0，表明社会联结的中介效应显著，所以假设3成立。

表4-3　社会联结的中介效应分析结果（研究2）

效应		系数	LLCI	ULCI
直接效应	情绪分组（敬畏）→个体对高市场份额品牌偏好	0.206	0.013	0.400
间接效应	情绪分组（敬畏）→社会联结→个体对高市场份额品牌偏好	0.092	0.038	0.179

结果表明，诱发敬畏情绪显著提升了个体对实体产品的从众消费行为偏好，倾向于选择市场占有率更高的产品。社会联结部分解释了敬畏情绪对消费者从众偏好的影响。为了充分检验敬畏情绪对消费者从众偏好的影响，研究3采用不同的情绪操纵方式和服务类产品的从众消费场景，检验敬畏对从众消费的影响以及社会联结的中介作用。

4.5　研究3

在研究3中，我们检验了基于威胁的敬畏是否对个体从众消费具有积极影响。以往研究多集中于对积极效价敬畏情绪的探讨，然而，敬畏也可以具有消极效价[48, 81]。威胁是导致消极敬畏体验的典型相关体验[1]，而自然灾害是基于威胁的敬畏情绪的典型诱因之一[1]。在我们的研究过程中，正好遇到超强台风“山竹”袭击深圳市，对当地的各行业基础设施以及群众安全造成了极大的威胁。为了抓取这次重大威胁事件背景下个体的敬畏体验，我们紧急通过线上方式在深圳地区开展了实验。通过人们对刚发生的台风事件的体验唤起敬畏情绪。我们采用与前两个研究相同的方式来测量个体的社会联结，并采用新的消费场景——餐厅选择，来测量被试的从众消费选择。

4.5.1 实验过程

167名深圳居民（女性79名）参与了本次实验。所有被试被随机分配为两组，分别诱发基于威胁的敬畏情绪和中性情绪。

首先，他们完成一项回忆任务。在基于威胁的敬畏组，我们呈现了超级台风“山竹”的文字描述。被试在阅读完文本描述后，需要回忆他们在台风经历中的体验。在中性组，被试被要求回忆他们最近某件平常的经历。在回忆完对应的体验后，被试至少写下30个字描述他们的体验和感受。然后，所有被试报告了他们的情绪感受，包括敬畏、一般积极情绪（快乐、兴奋、愉悦和感激；α=0.815，M=3.479，SD=1.571）和一般消极情绪（恐惧、愤怒、尴尬、悲伤和羞愧；α=0.794，M=2.925，SD=1.410）[48]。为了确定操纵的有效性，被试还需要报告他们在经历中感到威胁的程度[48]。然后，被试通过研究2中使用的量表（α=0.743，M=5.423，SD=0.812）来报告社会联结。最后，所有被试想象他们一直在寻找一家餐馆，并最终将选择范围缩小到两个选项，分别为“餐馆A”和“餐馆B”。餐厅A（大众化餐厅）主打大众化口味：他们的口号是“这里有大家都爱的味道”。餐厅B（小众化餐厅）强调独特性的口味：他们的口号是“这里有专属于你的味道”。被试按照1（绝对选择A）到7（绝对选择B）的打分来反映他们更喜欢哪家餐厅。对餐厅A的偏好得分，即该项目的反向得分，作为从众消费行为的指标得分。该从众消费场景的设计参考并修改自董和钟晨波的研究设计[182]。

4.5.2 结果分析与讨论

首先进行操纵检验。采用单因素方差分析方法检验敬畏情绪的组间差异。结果表明，敬畏组（M=5.810，SD=1.160）的被试报告的敬畏情绪水平较中性情绪组更高（M=2.700，SD=1.592），F（1，165）=210.110，p<0.001。敬

畏组（M=5.990，SD=1.129）的被试报告的威胁水平得分较中性情绪组更高（M=2.200，SD=1.674），F（1，165）=296.770，p<0.001。所以对敬畏的操纵是成功的。另外，敬畏组（M=2.697，SD=1.211）的被试报告的一般积极情绪显著低于中性组（M=4.290，SD=1.494），F（1，165）=57.465，p<0.001。敬畏组（M=3.562，SD=1.118）被试报告的一般消极情绪同样较中性情绪组更高（M=2.263，SD=1.381），F（1，165）=44.794，p<0.001。

其次，检验社会联结和从众消费行为的组间差异。单因素方差分析结果表明，敬畏组（M=5.668，SD=0.791）的社会联结水平较中性情绪组更高（M=5.169，SD=0.84），F（1，165）=17.250，p<0.001。敬畏组（M=4.541，SD=1.868）对餐厅A的偏好水平得分较中性情绪组更高（M=3.134，SD=1.923），F（1，165）=23.005，p<0.001。

我们接着采用bootstrap方法检验中介效应，模型设定为4，样本量设定为5000。具体设置为，被试对餐厅A的偏好水平作为因变量，自变量是虚拟变量（情绪分组：0=中性组，1=敬畏组）。一般积极情绪、一般消极情绪和威胁感作为控制变量，结果如表4-4所示。情绪分组对被试对餐厅A的偏好水平的直接效应为1.041，95%CI=[0.114，0.967]，不包含0，证明了敬畏对消费者对餐厅A的偏好水平的直接效应显著。情绪分组对餐厅A的偏好水平的间接效应为0.445，95%CI=[0.127，0.903]，不包含0，表明社会联结的部分中介效应显著，所以假设3成立。

表4-4　社会联结的中介效应分析结果（研究3）

效应		系数	LLCI	ULCI
直接效应	情绪分组（敬畏）→个体对餐厅A的偏好	1.041	0.114	0.967
间接效应	情绪分组（敬畏）→社会联结→个体对餐厅A的偏好	0.445	0.127	0.903

在本实验中，我们通过回忆最近发生在人们日常生活中的一起自然灾害事件来操纵基于威胁的敬畏。与之前两个研究的结果一致，研究3的结果同样支持了假设，即敬畏增加了社会联结和从众消费偏好，其中社会联结起部分中介作用。这种关系对于消极敬畏情绪仍然成立。

4.6　研究4

在研究4中，我们旨在进一步探讨敬畏对从众消费选择影响的心理机制，并确定其边界条件。具体来说，我们研究通过回忆任务诱发的敬畏情绪（相对于中性情绪）是否提升消费者的社会联结，进而促使人们增加对于高销量（相对于低销量）欧洲旅游线路的偏好。此外，我们还检验了旅游知识的调节作用。

本研究在三个方面与研究2和研究3不同。首先，在之前的两个研究中，敬畏是由单一类型的宏大事物（如壮丽的自然景观、台风）引起的。为了控制特定类型的情绪诱发来源的潜在干扰，本研究不限制敬畏情绪的诱发来源。

其次，我们采用另一种场景检验了消费者的从众偏好。在在线交易平台中，月销量是反映他人购买趋势的有效指标。因此，我们模拟了欧洲旅游线路购买场景，采用月销售来区分大众化产品与小众化产品。具体来说，参加者被随机分配报告他们购买高销量或低销量欧洲旅游线路的意向。

最后，研究4试图检验消费者知识的调节作用。具体来说，对于具备低水平消费知识的被试，诱发敬畏情绪（相对于中性情绪）会增加个体的偏好，但该效应对于具备高水平消费知识的个体则相对较弱。

4.6.1 实验过程

本研究招募了来自权威问卷调查网站的383名成年人参与（207名女性）。本研究采用了2（情绪状态：敬畏 vs 中性）×2（月销量：高水平 vs 低水平）组间设计。首先，被试通过四个题项[203]（α=0.943，M=3.659，SD=1.508）报告他们的欧洲旅游知识，之后，所有被试被随机分为两组，敬畏组和中性组，完成一项回忆任务。在敬畏组，我们邀请被试回忆最近与敬畏情绪相关的经历。在中性组，被试被要求回忆他们最近某件平常的经历。在回忆完对应的体验后，被试至少写下30个字描述他们的体验和感受。

其次，被试报告他们感受到的敬畏情绪程度。为了控制其他情绪对从众消费的潜在影响，我们还测量了他们感受到的一般积极情绪（幸福、兴奋、快乐和感激；α=0.778，M=4.532，SD=1.245）和一般消极情绪（愤怒、恐惧和悲伤；α=0.700，M=2.207，SD=1.134）。然后，被试报告社会联结（α=0.819，M=5.420，SD=0.825）。

再次，所有被试被随机分为两组，高月销量产品组和低月销量产品组。高月销量产品组中，被试想象他们计划预定欧洲旅行线路。我们提供了一条欧洲旅行线路的介绍，包括沿途城市介绍、特色介绍，以及月销量为680。低月销量产品组中，被试同样想象他们计划预定欧洲旅行线路，并阅读了与高月销量组基本一致的欧洲旅行线路的介绍，包括沿途城市介绍、特色介绍，以及月销量为68。两组被试阅读的欧洲旅行产品线路介绍的唯一区别为月销量信息。两组被试在阅读相关介绍后，分别报告对该旅行线路的购买意向[204]（α=0.902，M=4.892，SD=1.211）。

最后，所有被试回忆欧洲旅行线路介绍中的月销量信息，并对该产品的畅销程度做出评价。

4.6.2 结果分析与讨论

首先，进行操纵检验。采用单因素方差分析方法检验敬畏情绪的组间差异。结果表明，敬畏组（M=5.670，SD=1.385）的被试报告的敬畏情绪水平显著高于中性组（M=2.890，SD=1.458），F（1，381）=364.662，p<0.001。对于高月销量组，敬畏组（M=5.690，SD=1.218）的被试报告的敬畏情绪水平较中性情绪组更高（M=2.750，SD=1.385），F（1，202）=257.024，p<0.001。对于低月销量组，敬畏组（M=5.660，SD=1.529）的敬畏水平同样较中性情绪组更高（M=3.050，SD=1.561），F（1，177）=126.748，p<0.001。对于敬畏组，高月销量组和低月销量组的敬畏情绪水平无差异，F（1,184）=0.024，p=0.877。对于中性组，高月销量组和低月销量组的敬畏情绪水平无差异，F（1,195）=2.115，p=0.147。所有被试的月销量回忆信息与其所阅读的信息一致，高月销量组被试对产品的畅销程度评价（M=5.140,SD=0.088）显著高于低月销量组（M=4.360,SD=0.113）。F（1，177）=29.838，p<0.001。所以对敬畏的操纵是成功的。

其次，检验社会联结的组间差异。单因素方差分析结果表明，对于高月销量组，敬畏组（M=5.640，SD=0.719）的被试报告的社会联结水平较中性情绪组更高（M=5.208，SD=0.869），F（1，202）=14.870，p<0.001。对于低月销量组，敬畏组（M=5.588，SD=0.742）的被试报告的社会联结水平较中性情绪组更高（M=5.268，SD=0.874），F（1，177）=6.935，p=0.009。

我们接着检验欧洲旅行线路购买意愿的组间差异。对于高月销量组，敬畏组（M=5.502，SD=0.741）的被试报告的购买意愿较中性情绪组更高（M=4.810,SD=1.234），F（1,202）=23.222，p<0.001。而对于低月销量组，敬畏组被试报告的购买意愿（M=4.789，SD=1.186）与中性组（M=4.427，

SD=1.361）无显著差异，F（1，177）=3.580，p=0.060。

再次，我们采用bootstrap方法检验中介效应，模型设定为4，样本量设定为5000。具体设置为，被试对高月销量欧洲旅游线路的购买意愿作为因变量，自变量是虚拟变量（情绪分组：0=中性组，1=敬畏组）。社会联结设定为中介变量。一般积极情绪、一般消极情绪作为控制变量，结果如表4–5所示。情绪分组对被试对高月销量欧洲旅游线路的购买意愿的直接效应为0.554，95%CI=[0.257，0.850]，不包含0，证明了敬畏组对消费者对高月销量欧洲旅游线路购买意愿的直接效应显著。情绪分组对高月销量欧洲旅游线路购买意愿的间接效应为0.154，95%CI=[0.043，0.320]，不包含0，表明社会联结的中介效应显著，所以假设3成立。

表4–5　社会联结的中介效应分析结果（研究4）

效应		系数	LLCI	ULCI
直接效应	情绪分组（敬畏）→个体对欧洲旅游线路的偏好	0.554	0.257	0.850
间接效应	情绪分组（敬畏）→社会联结→个体对欧洲旅游线路的偏好	0.154	0.043	0.320

最后，我们采用bootstrap方法检验消费者知识的调节作用。模型设定为1，样本量设定为5000。具体设置为，因变量是被试对高月销量欧洲旅游线路的购买意向，自变量是虚拟变量（情绪分组：0=中性组，1=敬畏组）。消费者知识作为调节变量，一般积极情绪、一般消极情绪作为控制变量。我们以知识水平的均值±1个标准差作为区分，当消费者知识水平较低（均值–1个标准差）时，情绪分组对购买意愿的直接效应系数为0.900，95%CI=[0.512，1.287]，不包含0，证明当消费者知识水平较低时，情绪分组对高月销量欧洲旅行线路购买意愿的效应显著。当消费者知识水平较高

（均值+1个标准差）时，情绪分组对高月销量欧洲旅行线路购买意愿的效应系数为0.385，95%CI=[-0.012，0.782]，包含0，证明当消费者知识水平较高时，情绪分组对高月销量欧洲旅行线路购买意愿的影响不显著。所以消费者知识对敬畏的从众效应起到调节作用，假设4成立。

参考哈耶斯介绍的方法[205]，本研究基于高月销量组样本数据，对整体的概念模型进行有调节的中介效应分析。所有变量均中心化处理，首先，我们执行回归分析，以一般积极情绪和一般消极情绪作为控制变量，情绪分组作为自变量，社会联结作为因变量，结果得到，情绪分组显著影响社会联结（b=0.201），95%CI=[0.109，0.554]。

其次，我们以一般积极情绪和一般消极情绪作为控制变量，情绪分组、社会联结、消费者知识、社会联结和消费者知识的交互项作为自变量，因变量是高月销量组被试对高欧洲旅游线路购买意愿，结果得到，社会联结和消费者知识的交互项显著影响购买意愿（b=-0.186），95%CI=[-0.259，-0.046]。所以可以认定，社会联结与购买意愿之间的关系受到消费者知识的调节。

最后，为了进一步明确社会联结在高、低水平消费者知识组的不同作用，我们采用bootstrap方法检验社会联结的调节作用，模型设定为15，样本量设定为5000。具体设置为，因变量是高月销量组被试对欧洲旅游线路的购买意向，自变量是虚拟变量（情绪分组：0=中性组，1=敬畏组）。社会联结作为中介变量，一般积极情绪、一般消极情绪作为控制变量。结果显示，在低水平消费者知识组中，社会联结的间接效应显著，效应系数为0.157，95%CI=[0.042，0.352]，不包含0。在高水平消费者知识组中，社会联结的间接效应显著，效应系数为0.022，95%CI=[-0.090，0.181]，包含0。所以消费者知识在敬畏通过社会联结影响从众消费的关系中起到调节作用，假设

4成立。

与之前三个研究的结果一致，研究4的结果支持了假设，即敬畏增加了社会联结和从众消费偏好，其中社会联结起部分中介作用。另外，研究4还明确了该效应成立的边界条件。即被试的旅游知识储备水平有效调节了敬畏通过社会联结对从众消费的积极效应。具体来说，只有当旅游知识水平较低时，敬畏通过提升社会联结所带来的从众效应显著，一旦被试具备了充足的相关产品知识，敬畏通过社会联结对消费者从众的促进作用将被削弱。

4.7 研究结论与讨论

4.7.1 研究结论

通过四个研究，我们发现敬畏提升了消费情境中个体的从众行为以及社会联结在其中的中介作用。敬畏倾向（研究1）和实验诱发的敬畏情绪状态（研究2~研究4）均能促进从众消费。社会联结的中介作用均得到有效验证（研究2~研究4），并且消费者知识的调节作用也得到了检验（研究4）。我们采用多种方法对敬畏进行了测量和操纵：如自我报告个人的敬畏倾向（研究1），回忆任务（研究2~研究4）。不仅积极效价的敬畏情绪可以促进消费者的从众（研究2和研究4），消极效价的敬畏情绪也具有同样的作用（研究3）。我们也采用多种方法测量了从众消费，如通过量表形式测量个体的从众消费倾向（研究1），选择大众化的有形产品（相对于小众化有形产品）（研究2），以及选择大众化无形服务产品（相对于小众化服务产品）（研究3和研究4）。另外，消费者知识将有效调节敬畏对从众的影响。相对于具备高产品知识水平的消费者，敬畏情绪通过社会联结对低产品知识水平消费者的从众消费偏好的影响更为显著（研究4）。所以研究结果支持了理论假设。

以往研究主要关注敬畏情绪的亲社会功能及其相关的心理机制（如小我和不确定性感知）。本研究主要关注敬畏情绪体验中的联结感，并基于此提出联结感对从众消费行为的影响。我们认为从众并不完全等同于亲社会行为。前者导致个体与其他人的意见和行为保持一致，后者促使个体对其他人友善。虽然亲社会行为和从众行为均能体现敬畏的社会适应性特性，但二者对个体建构社会关系提供完全不同的路径。亲社会行为反映了个体通过对他人友善构建和增强社会关系，而本研究关注敬畏情绪所带来的另一条建构和巩固社会关系的路径，即与其他人保持一致。

4.7.2 理论与实践意义

本文结论丰富了现有的敬畏情绪及从众消费相关理论。首先，本研究拓展了敬畏情绪行为结果研究的广度。敬畏情绪是一种能够给个体内在带来持久而深刻变化的积极情绪，也是近期的研究热点之一。以往研究大多只关注一般社会行为，如亲社会行为表现等。本研究将敬畏情绪研究拓展到消费行为领域，并验证了其对个体从众消费偏好的正向影响。该结论不仅呼应了现有的研究结论，还为未来敬畏情绪的行为结果研究探索了新的领域。

其次，本研究深化了对从众消费的情绪前因变量的讨论。以往研究指出，积极情绪会促进个体的从众消费决策[41]。然而，每个情绪均有特定的行为反应机制以帮助个体应对相应的情境，即使相同效价的情绪仍然会带来不同的行为结果。所以，单纯从效价角度笼统地界定情绪与从众行为之间的关系将无法反映单个情绪对个体行为的差异化影响。本研究通过检验敬畏情绪对从众消费的积极效应，不仅支持了以往关于积极情绪促进从众消费的观

点，也进一步深化了对从众消费的单个情绪前因变量独特作用的理解。

最后，本研究丰富了积极情绪体验对从众消费影响的心理机制讨论。以往学者认为，积极情绪会促进个体更倾向于依赖认知捷径、外围说服线索以及启发式信息处理方式进行决策，从而提升个体依赖他人意见而产生从众偏好[41]。本研究发现社会联结有助于解释敬畏情绪与从众消费之间的关系，从而为积极情绪对从众消费影响心理机制研究提供了新的探索方向。

研究结论也能为企业管理实践提供有价值的参考。由于营销人员往往致力于提升个体的消费体验，所以明确消费者的情绪感受对其决策的影响，将帮助管理者充分理解消费者的需求以便提供有针对性的服务。本研究发现，敬畏情绪通过社会联结促进了从众消费。该结论丰富了营销人员引导消费者从众的方式。

首先，在日常营销实践中，营销人员可尝试将敬畏情绪刺激物嵌入营销场景中，如商品的宣传广告中加入宏伟自然景观等画面，店铺中播放易于诱发敬畏感的音乐等，甚至可以借助 VR 体验增强消费者的敬畏感。

其次，由于社会联结也是从众消费的有效促进因素，企业可以尝试构建品牌社区，基于品牌社区活动带动消费者与其他消费者的联系，提升社会联结感，以进一步提升消费者对特定产品及品牌的认可。

最后，从企业战略的角度来看，企业如果要建立与巩固主流市场地位，管理者们可以选择塑造令人敬畏的企业形象的经营理念。

4.7.3　研究局限与展望

本研究存在一定的理论局限。首先，四个研究的结果表明，社会联结仅部分解释了敬畏情绪对从众消费行为的影响，所以仍然存在其他可能的心理机制，有待未来研究的深入挖掘。

其次，本研究仅关注了个体对社会世界的联结感。实际上，敬畏情绪所带来的个体联结感的来源还可以延伸至自然世界、神灵甚至是宇宙[81]。所以未来研究可关注个体对其他事物的联结感可能带来的认知及行为结果。

最后，本文在情绪激发方面欠缺与营销手段的结合。为了更好地指导企业利用情绪积极引导消费者的决策。未来研究可尝试开发有效的敬畏诱发营销手段，这将对营销实践的指导作用更为直接和有效。

第5章

敬畏情绪对炫耀消费行为影响机制研究

5.1　研究背景

敬畏是一种强烈的复杂情绪体验，是面对超出已有认知范畴的宏大外部存在时，个体无法通过现有认知框架进行解释从而产生的一种复杂情绪[1, 45]。敬畏体验可以对个体产生持久的影响[1]。心理学研究中对敬畏的研究主要关注其对个体认知和行为的影响。作为典型的自我超越情绪，敬畏促使个体降低对个人利益和需求的关注，并以他人为导向[55]。由于自我超越情绪可以帮助解决人际交互中的各种问题[55]，所以敬畏情绪研究主要关注于其社会功能，如促进集体主义融入[51]、大方和乐于助人[82]，以及谦卑[55]等。然而，对于敬畏的非社会功能研究相对有限。敬畏会削弱个体对自我的感知，使个体更少关注自身，所以其将与以自我提升为导向的行为倾向动机产生冲突。所以，我们推断激发敬畏情绪会抑制个体的自我提升行为（如物质主义行为）。由于敬畏与精神性高度关联[1]，而精神性与个体的自我提升追求相互冲突[87]，所以我们认为精神性将有助于解释敬畏对物质主义消费的抑制效应。

基于以上推断，本文重点探讨敬畏对一种以自我提升为动机的行为——炫耀消费的作用机制。具体来说，本研究假设敬畏降低了炫耀消费倾向（研究1和研究2）。其中，精神性中介了敬畏情绪对炫耀消费的影响（研究3）。

5.2 文献综述与理论假设

5.2.1 炫耀消费行为

物质财产反映了个体的社会身份[206]。购买行为不仅是一种理性选择，还与个人的自我保护和印象紧密关联[207]。所以在当今物质丰富，文化转型升级的社会环境中，炫耀消费作为一种自我提升和自我彰显的手段已经愈演愈烈[208, 209]。理论学界对于炫耀消费已进行了广泛的讨论，但对于其内涵仍有着不同的理解，并未达成一致。维布伦（Veblen）最早提到了炫耀消费现象，认为上等社会消耗众多的金钱以彰显财富和地位[210]。有学者继承了该观点，认为炫耀消费是个体利用外显性的消费彰显个人财富，以强化和传递社会身份形象和信息[211]。随着研究的推进，炫耀消费的内涵有了一定程度的扩展。贝尔克（Belk）提出商品是自我的延伸[206]。人们进行炫耀消费的目的是自我扩展，并希望通过消费行为使其他人可以按照自己意愿来感知自我[206]。西瓦纳坦（Sivanathan）等则将炫耀消费定义为个体通过消费行为向其参照组织展示自我的活动[170]。另外，马科斯（Marcoux）等还对炫耀消费进行了多维度的划分，认为其含有享乐物质主义、对隶属或者离开某个组织的信息表达、彰显社会地位、人际调节以及卖弄五大方面[212]。

以往研究中，炫耀消费的诱发因素较为广泛，大致分为产品属性、外部情境因素，以及消费者个体因素等。首先，产品属性。吉尔（Gierl）和休特尔（Huettl）指出，对于炫耀性的产品来说，有限供应的短缺信号将更容易提升消费者对该产品的态度[213]。舒克拉（Shukla）指出对于中年群体，品牌的高彰显性和品牌与消费者自我的高度一致性可以有效提升消费者的炫耀消费偏好[214]。

其次，外部情境因素。马科斯等认为人际影响与炫耀消费高度关联，参照群体内的功利性价值观会促进炫耀消费[212]。李宰训（Jaehoon Lee）和施勒姆（Shrum）发现当个体面对间接的社会排斥时，炫耀消费会显著增加[215]。而梁（Liang）等指出，社会排斥与炫耀消费的积极关系仅对于关系导向的个体有效[216]。

最后，个体因素。学者们发现大量的人口统计学要素均能显著预测炫耀消费水平，如社会身份[217]、地位和权力水平[208]、性别[218, 219]以及收入[220]。另外学者们还发现个体自身特性同样对炫耀消费具有影响。西瓦纳坦和佩蒂特（Pettit）发现，低收入的美国人的低自尊水平会增加他们对于象征高社会地位的商品的购买意愿[221]。当感到尴尬的时候，低自尊的个体往往更倾向于选择炫耀消费来降低其他人对其的关注[222]。维洛夫（Velov）等发现，个体的物质主义价值观可以显著预测炫耀消费[223]。斯蒂尔曼等发现，个体的精神性水平和自我超越价值观会抑制个体的炫耀消费[87]。亚洲地区特有的面子意识，也被证明与炫耀消费密切相关。王（Wong）等指出东南亚消费者群体对面子的注重使他们更易于消费具有炫耀性的名牌商品以彰显社会身份及地位[224]。

5.2.2 敬畏情绪与炫耀消费行为

炫耀消费作为物质主义行为表现形式，以自我提升为动机，体现了消费者对自我的关注[225]。而敬畏能够减少个体对物质的关注，将个体的注意力从自我利益转移到外部更大的整体[2]。所以合理推断，敬畏能够抑制个体的炫耀消费。

敬畏情绪促使个体忽略对物质主义目标的追求，如物质满足和社会成就等[59, 81]。鲁德发现，诱发敬畏情绪的被试对物质类产品的偏好显著低于诱发控制情绪的被试[68]。敬畏情绪还降低了人们的金钱需求[76]。相对于快乐和中性情绪，诱发敬畏情绪会降低金钱的重要性，导致人们有更少的赚钱意愿。敬畏情绪还可以缓解失去财产所带来的负面情绪。相对于快乐、感激、满足和宁静，敬畏情绪条件下，被试在面对想象和现实中的财产损失时报告的负面情绪更低[88]。所以敬畏体验会降低个体对物质的偏好与追求。另外，由于自我超越价值观和自我提升价值观往往此消彼涨，相互冲突[226]，而敬畏是典型的自我超越情绪，所以可以合理推断其能够减少以自我提升为导向的炫耀消费倾向[227–229]。

综上所述，敬畏情绪导致了一系列个人状态的转变，进而抑制了个体的物质主义以及以自我提升为导向的行为偏好。我们提出假设：

H1：**敬畏抑制了炫耀消费行为。**

5.2.3 敬畏情绪、精神性与炫耀消费行为

由于宗教对挫折、焦虑、恐惧和剥夺感等负面心理状态具有抵御作用[56]，而精神性发源于宗教，通常由强烈的负面心理体验诱发[86]，所以现有的对于精神性前因的讨论主要集中于负面心理体验，并几乎都与宗教有关，这对于消费领域的意义有限。因此，我们关注精神性的另一个影响因素——敬畏。研究证实自我超越情绪，尤其是敬畏，是精神性诱发因素[69]。凯尔特纳和海特认为敬畏是一种精神性情感[1]。随后，其他学者证明敬畏可以增强精神性。萨罗格鲁等发现，与诱发其他情绪的被试相比，诱发敬畏情绪的被试报告了更高水平的精神性[86]。范·卡佩伦和萨罗格鲁检验了敬畏在激活精神性及相关行为意图中的作用，并发现，相对于其他情绪，诱发敬畏情绪

导致被试表现出更多对于精神性旅游目的地的偏好[69]。

根据施瓦茨（Schwartz）的人类基本价值模型，自我超越价值观与自我提升价值观相互冲突[230, 231]。研究表明精神性与自我超越情绪紧密关联[70]，而物质主义追求与自我提升情绪紧密关联[87]。卡塞尔（Kasser）发现精神性会增加个人的安全感并阻碍个体从环境中获取物质主义信息[232]。舒克拉证实寻求富有意义的存在将阻碍个体的自我提升动机[214]。由于炫耀消费是以自我提升为导向的典型物质主义行为表现[227, 233]，所以我们提出精神性对个体的炫耀消费行为具有抑制作用。结合敬畏情绪有助于个体寻求精神性体验，促使个体更关注内在的意义，减弱对自我的关注[86]，所以合理推断敬畏情绪可以提升精神性水平，进而削弱炫耀消费的自我提升动机。

自尊理论也为解释精神性在敬畏与炫耀消费行为的关系中的作用提供了间接证据。一方面，精神性促进了个人对生活的意义、目的和价值的内在追求，并与自尊呈正相关[234]。另一方面，炫耀性消费被认为是一种用于提升自尊的补偿行为[214]。所以自尊心较低的消费者更愿意在高档商品上大手大脚[170]。因此，我们认为，敬畏情绪状态下，个体所获得的较高水平的精神性可以提升个体的自尊水平，进而降低个体的补偿动机，最终抑制炫耀性消费。

结合敬畏对精神性和炫耀消费的作用，以上理论阐述侧面支持了敬畏对炫耀性消费行为有阻碍作用，以及精神性在其中所起到的潜在中介作用。因此我们提出假设：

H2：精神性中介了敬畏对炫耀消费的影响。

综上所述，本研究的概念模型如图5-1所示。

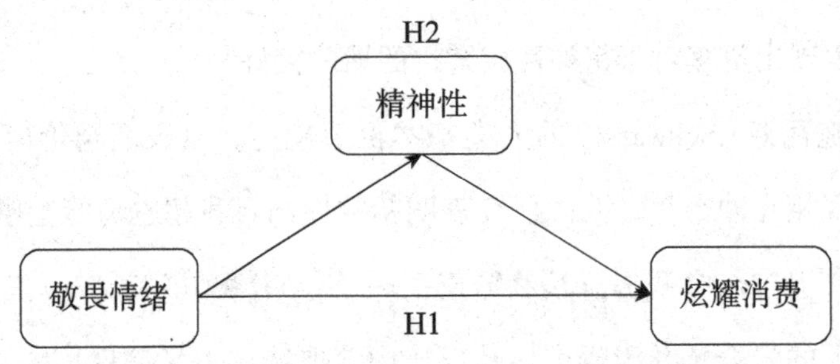

图5-1　敬畏情绪对炫耀消费行为影响的概念模型

5.2.4　研究设计

本部分共设计三个研究，检验敬畏对炫耀消费的抑制作用以及精神性的中介效应。在研究1中，我们检验了敬畏倾向与炫耀消费倾向的相关关系。在研究2和研究3中，我们检验了诱发敬畏情绪是否可以减少炫耀消费选择。最后，我们检验精神性是否中介了敬畏对炫耀性消费的消极影响（研究3）。

5.3　研究1

5.3.1　实验过程

本研究邀请华东理工大学在校学生参与。整个过程有效样本为487个（233名女性）。首先，被试完成了积极情绪倾向量表[70]。该量表由七个分量表组成，包括快乐分量表（α=0.877，M=5.145，SD=1.033）、满足分量表（α=0.851，M=5.028，SD=1.094）、骄傲分量表（α=0.862，M=4.752，SD=1.103）、爱分量表（α=0.901，M=4.767，SD=1.176）、同情分量表（α=0.907，M=5.422，SD=1.097）、幽默分量表（α=0.856，M=5.005，SD=1.102）

和敬畏分量表（α=0.867，M=4.720，SD=1.102）。每个分量表包括5或6个题项，被试按个人感受对每个题项的表述进行打分（1=强烈反对，7=强烈赞同）。最后填答炫耀消费倾向量表。该量表由乔杜里（Chaudhuri）等（α=0.866，M=2.904，SD=1.001）开发，由11个项目组成，所有题项均反向计分[235]。

5.3.2　结果分析及讨论

通过相关分析，表5-1所示结果表明，敬畏倾向与炫耀消费倾向呈负相关；其他积极情绪倾向，如同情心和满足感，也与炫耀消费呈负相关。

表5-1　积极情绪倾向与炫耀消费倾向相关分析结果

变量	愉悦	满足	自豪	爱	幽默	敬畏	同情
炫耀消费倾向	−0.374**	−0.434**	−0.395**	−0.363**	−0.365**	−0.422**	−0.416**

注：** 表示p<0.01。

为了检验敬畏对炫耀消费的影响，我们控制其他积极情绪倾向的同时，对敬畏与炫耀性消费倾向的关系进行了回归分析。结果表明，即使在控制其他积极情绪倾向（如快乐、满足和骄傲）后，敬畏倾向也与炫耀消费倾向显著负相关（表5-2）。假设1成立。结果还表明，满足感和同情心这两种情绪也能显著抑制炫耀消费的倾向。

表5-2　炫耀消费倾向的回归分析结果

变量	炫耀消费倾向
愉悦	−0.005
满足	−0.230**

续表

变量	炫耀消费倾向
自豪	−0.021
爱	0.062
幽默	−0.062
敬畏	−0.138*
同情	−0.194**

注：* 表示 $p<0.05$，** 表示 $p<0.01$；因变量为炫耀消费行为倾向。

结果表明，敬畏情绪显著抑制炫耀消费倾向，为支持假设1提供了初步证据。在控制其他积极情绪倾向后，敬畏情绪对炫耀消费倾向的抑制作用仍然显著。在研究2中，我们将通过实验手段操纵敬畏情绪来检验假设1，并通过不同的方法测量消费者的炫耀消费行为。

5.4 研究2

研究2的目的是检验相对于其他积极情绪状态，诱发敬畏情绪是否会抑制炫耀消费行为。本实验采用自豪情绪作为控制情绪状态，首先通过回忆报告的形式诱发被试的敬畏和自豪情绪，然后通过个体报告的对两类产品的金钱花费数额来测量炫耀消费行为。

5.4.1 实验过程

本研究邀请华东理工大学在校学生参与，最终有效被试228名（107名女性）。

首先，所有被试被随机分配到两个组别，敬畏情绪组和自豪情绪组。被试按要求分别回忆一段让他们感到敬畏或自豪的个人经历以激发对应情绪状态[2]。

敬畏组的被试阅读以下说明："请花1~3分钟的时间回忆最近您生活里感到敬畏的某个经历，或许是登高远望，或许是了解伟人事迹，或者其他让您感到敬畏的事情。"自豪组的被试阅读以下说明："请花1~3分钟的时间回忆最近您生活里感到自豪的某个经历，或许是被大学录取，或许是赢得某个比赛，或者其他让您收获个人成就感的事情。"

阅读完提示后，我们要求所有被试用不少于30个字描述该经历，重点体现当时的情绪与感受。之后被试报告他们感到敬畏和自豪的程度，以及他们的一般积极情绪（包括兴奋、快乐和感激；α=0.681，M=4.673，SD=1.391）和一般消极情绪（包括恐惧、焦虑和愤怒；α=0.853，M=2.461，SD=1.533）。然后，我们询问被试愿意支付多少钱（人民币）购买一部手机（600~8000元）、一双运动鞋（200~1500元）、一张酒店会员卡（100~2000元），以及一次欧洲度假（5000~35000元）。被试按照1（最低金额）到7（最高金额）的形式来填答对每类产品的高额花费意向。我们根据被试对4个题目填答得分的均值来衡量炫耀消费行为（α=0.758，M=3.126，SD=1.260）。该方式由格里斯克维丘斯等开发，并被证明可有效地测量消费者的炫耀消费偏好[218]。由于炫耀性消费的主要动机是彰显和提升自我，而不是追求产品的效用[233，236]，且购买高价产品被视为典型的炫耀消费表现[237]。因此，一旦通过产品类别来确定产品的效用，那么消费者为产品支付更多金钱意味着他们对炫耀属性等附加价值的支付意愿更高。我们选择的四种产品中，既包括有形产品，如手机和运动鞋，又包括无形的服务，如会员卡和旅游体验。

5.4.2 结果分析及讨论

首先进行操纵检验。我们使用单因素方差分析来研究组间差异。结果显示，敬畏情绪得分的组间差异显著，$F(1, 226)=143.408$，$p<0.001$。相对于自豪组（$M=3.150$，SD=1.477），敬畏组的敬畏情绪水平显著更高（$M=5.430$，SD=1.403）。自豪情绪得分的组间差异显著，$F(1, 226)=21.333$，$p<0.001$。相对于敬畏组（$M=4.540$，SD=1.975），自豪组的自豪情绪水平显著更高（$M=5.580$，SD=1.348）。所以对敬畏和自豪情绪的操纵是成功的。另外，敬畏组（$M=4.632$，SD=1.510）在一般积极情绪上的得分与自豪组（$M=4.714$，SD=1.264）并没有显著差异，$F(1, 226)=0.197$，$p=0.657$。敬畏组（$M=2.644$，SD=1.695）在一般消极情绪上的得分与自豪组（$M=2.274$，SD=1.331）并没有显著差异，$F(1, 226)=3.277$，$p=0.072$。

然后，我们对炫耀消费水平进行单因素方差分析。结果表明，被试的高金额花费意愿组间差异显著，$F(1, 226)=5.205$，$p=0.023$。相对于自豪组（$M=3.316$，SD=1.300），敬畏组被试的高金额花费意愿显著更低（$M=2.939$，SD=1.195）。假设1得到支持。

研究2验证了假设1，诱导敬畏情绪显著降低了被试花费高额金钱消费的意愿。为了排除特定情绪诱发因素对因变量的影响，情绪诱发过程并没有限定诱发因素类别。在研究3中，我们将在检验敬畏对炫耀消费的主效应基础上，检验精神性的中介作用。

5.5 研究3

研究3的目的是检验敬畏对炫耀消费影响的心理机制。我们采用观看视频的方法诱发敬畏情绪和控制情绪（中性）。在情绪操纵后，不同于研究2中的炫耀消费的测量方式，我们通过对大尺寸品牌标识商品的偏好来测量炫耀消费意愿。炫耀消费的主要动机是展示他们的自我形象、喜好和社会地位[227, 228, 236]。由于品牌（尤其是奢侈品牌）的炫耀属性[238]，对于具有炫耀偏好的消费者来说，较大的品牌标志比较小的品牌标志更具有炫耀意义，可以向其他人传递消费特征，以达到向他人炫耀的目的。因此，对带有大尺寸品牌标识商品的偏好可以看作炫耀消费的测量指标[215]。

5.5.1 实验过程

本研究借助网络问卷调查平台招募被试，最终有效被试265名（142名女性）。

首先，所有被试被随机分为两组，敬畏组和中性组。被试观看特定的视频材料以激发对应情绪。视频材料参照以往研究所使用的视频内容。诱发敬畏情绪的视频内容取自纪录片，是关于优美的自然环境，如山脉、瀑布和森林等；用于诱发中性情绪的视频是关于如何制作一个简单的吸尘器。在视频观看完成以后，所有被试填答各自的情绪感受，包括敬畏、一般积极情绪（包括兴奋、快乐、自豪和感激；α=0.842，M=4.321，SD=1.347）和一般消极情绪（包括恐惧、焦虑和愤怒；α=0.775，M=2.522，SD=1.413）的程度（1=完全没有，7=非常强烈）。

其次，所有被试填答精神性量表[239]（α=0.843，M=4.907，SD=0.886）。

最后，所有被试想象Nike品牌正在进行产品上市前的市场调查。他们将看到两款新款运动鞋的照片。这两款运动鞋的款式、颜色和价格都相同，唯一的区别在于其中一件有大而突出的品牌标识，另一件有较小尺寸的品牌标识。之后所有被试填答对这两款鞋的选择偏好，测量题项改编自李宰训和施勒姆开发的量表[215]（α=0.965，M=3.275，SD=2.042）。

5.5.2 结果分析及讨论

首先进行操纵检验，我们使用单因素方差分析来研究敬畏情绪的组间差异。结果表明，与中性情绪状态（M=3.130，SD=1.447）下的被试相比，敬畏情绪状态（M=5.450，SD=1.414）下的被试表现出更高的敬畏情绪水平，F（1，185）=122.864，p<0.001。这说明敬畏情绪的操纵是成功的。另外，敬畏组（M=4.735，SD=1.312）在一般积极情绪上的得分与中性组（M=3.875，SD=1.244）差异显著，F（1，185）=21.058，p<0.001。敬畏组（M=2.557，SD=1.525）在一般消极情绪上的得分与中性组（M=2.485，SD=1.289）并没有显著差异，F（1，185）=0.119，p=0.730。

我们采用单因素方差分析方法对炫耀消费水平进行组间比较。结果显示，相对于中性情绪状态（M=4.204，SD=2.075），敬畏情绪组（M=2.412，SD=1.589）的被试对较大品牌标识运动鞋的偏好显著较低，F（1，185）=44.295，p<0.001。假设1成立。此外，相对于中性情绪状态（M=4.641，SD=0.788），敬畏情绪组（M=5.154，SD=0.904）的被试精神性水平显著更高，F（1，185）=16.968，p<0.001。

我们采用 bootstrap 方法及 PROCESS 程序检验精神性对主效应的解释作用，模型设定为4，样本量设定为5000。具体设置为，炫耀消费行为为因变量，以情绪分组（根据情绪分组进行虚拟化，0= 中性组，1= 敬畏组）作为自变量，精神性作为中介变量，一般积极情绪作为控制变量。结果如表5-3所示。情绪分组对炫耀消费偏好的直接效应为 -1.764，

95%CI=[-2.327，-1.202]，不包含0，证明敬畏可显著影响炫耀消费偏好。情绪分组对炫耀消费偏好的间接效应为-0.103，95%CI=[-0.334，-0.008]，不包含0，表明精神性部分解释了敬畏情绪对炫耀消费的抑制作用，所以假设2成立。

表5-3　精神性的中介效应分析结果

效应		系数	LLCI	ULCI
直接效应	情绪分组（敬畏）→炫耀消费偏好	-1.764	-2.327	-1.202
间接效应	情绪分组（敬畏）→精神性→炫耀消费偏好	-0.103	-0.334	-0.008

结果表明，诱发敬畏情绪显著提升了个体的炫耀消费偏好，促使个体偏好带有大尺寸品牌标识的运动鞋。精神性在敬畏情绪对炫耀消费偏好的影响中起部分中介作用。研究结论再次支持了假设2。

5.6　研究结论与讨论

5.6.1　研究结论

贝尔克认为消费者等同于他们消费的商品，消费是一种自我表现的行为[206]。具体到炫耀消费，它是一种典型的外显性的自我提升行为，旨在通过显示财富和权力来获得社会地位[206, 218]。炫耀性消费的主要驱动因素是自我提升价值观，而敬畏以及其所带来的精神性是以自我超越为动机[240]。敬畏和炫耀性消费行为背后的不可调和的价值观冲突促使我们探讨敬畏作为一种典型的自我超越情绪是否能够降低个体炫耀性消费的倾向。我们进一步研究敬畏情绪体验所导致的精神性是否可以在这种关系之间起到中介作用。

本研究揭示了敬畏的行为结果及潜在的影响机理。研究1发现，敬畏倾向得分高的人一般具备较低水平的炫耀消费倾向。研究2中，相对于控制情绪状态，通过回忆报告方式诱发敬畏情绪的状态下，被试花费高额金钱购买产品的意愿较低。研究3中，敬畏增加了精神性，这反过来减少了人们对具有大品牌标识的运动鞋的偏好。总而言之，这些发现表明，敬畏通过增强精神性降低了个体的炫耀消费行为偏好。本文研究结论与过去的研究一致。以往研究表明敬畏能激活宗教性、精神性和相关行为偏好[69]；敬畏能增强人们的非物质偏好，并降低个体对物质的关注[68, 69]。在这些研究中，敬畏体验会导致人们增加对精神性旅游目的地和体验类产品（vs 物质产品）的偏好。

5.6.2 理论与实践意义

随着经济的快速发展，在中国以关系为导向的传统文化中，人们往往会有强烈的炫耀自我形象、喜好和社会地位的内在动机[228, 233]。物质主义价值观在中国的体现越来越广泛[228, 233]。这种文化氛围带来了人们对炫耀性商品的过度偏好。在全球范围内，中国逐渐以对奢侈品的痴迷而闻名[233]。在2012年，Prada 和 Gucci 的产品约有1/3是由中国人购买的。过度的炫耀性消费对自然资源和社会资源造成了巨大的占用与破坏[227]，所以致力于研究影响炫耀性消费行为的因素，尤其是阻碍因素，对于全面保护自然环境和人们的身心福利具有重要意义。

本研究关注在心理学领域新兴的研究热点——敬畏，研究了其对个体行为的作用。以往大部分工作主要集中于敬畏的社会功能，如慷慨和帮助[82]、道德决策和亲社会价值观[2]，以及谦卑[55]等。本研究将敬畏的研究扩展到了消费者行为领域，拓宽了敬畏情绪的研究领域。此外，由于精神性发源于

宗教，所以以往精神性的研究主要集中于医学和宗教学领域，主要探讨其对人类负面情绪或经历的治愈作用。本研究表明了精神性在世俗消费情境中的同样具有重要影响。所以本研究将精神性理论的应用范畴拓宽到一个更具普适性的日常生活情境中。最后，由敬畏引发的精神性是心理健康的前因[145]。它有效地降低了人们对与消费者福利相冲突的物质财富的追求[226]。即激发敬畏和精神性可能是减少不合理购买等不良消费行为的有效方法，并最终有助于提升消费者的总体福利水平。所以研究结论为探索提升消费者福利的有效途径开拓了新的理论视角。

5.6.3 研究局限与展望

目前的研究结果表明，敬畏提升了人们的精神性水平，从而降低了炫耀性消费的倾向。通过实证研究方法，研究假设得到了很好的检验并获得支持，但仍然存在以下三点局限可供未来研究深入探讨。

首先，本研究侧重关注积极敬畏。然而，敬畏也可能具有消极效价，例如，当我们面对伟人或壮丽的风景时，我们更可能感受到积极效价的敬畏，而当我们面对冲击性的自然灾害时，我们更可能会因恐惧和威胁而感到消极效价的敬畏[48]。不同效价类型的敬畏会导致不同的心理效应及行为结果。例如，体验消极敬畏状态的人会有更多的无力感，幸福感也更低[48]。未来的研究应该采用其他不同的情绪诱发方法来检验不同效价的敬畏对个体的炫耀消费行为的差异化作用。

其次，本研究侧重关注偶发敬畏情绪所带来的影响，对于由具体产品、品牌或消费情境所带来的消费行为影响需要进一步深入研究。如某些奢侈品包含高水平的附加价值，如对工匠精神、精益求精的追求等，而对这些内在追求的极致强调将极有可能引发消费者对品牌的敬畏情绪，进而提升个体对品牌的认可和归属。在此情境下，我们推断敬畏情绪会提升个体的奢侈品偏好。但我们需要明白，基于品牌内在意义所带来的奢侈品消费偏好并不能推翻敬畏对炫耀消费的抑制作用，因为此情境中，个体对奢侈品的偏好是基于其内在附加价值和意义，而不是外在彰显的社会符号化属性。

最后，本研究的实证研究环节对假设的检验主要基于大学生群体，这在一定程度上保证了样本的同质性，但也不得不承认，大学生群体在年龄、受教育程度和收入水平方面存在局限性，并不能完全反映理论假设在一般人群中的结果表现。所以未来研究需进一步检验理论假设在其他典型样本中是否仍然获得支持，如一般成年人群体、老年群体或者跨文化群体等。

第6章

研究结论及展望

6.1　研究结论与讨论

尽管现有研究已充分证明，敬畏情绪会带来稳定的心理与行为影响，但缺乏对个体消费行为的影响讨论。基于该研究背景，本文在充分认识情绪相关理论、研究进展，以及敬畏情绪的拓展—建构功能的基础上，基于联结感和精神性的视角探讨了敬畏情绪对消费者行为（绿色消费行为、从众消费行为和炫耀消费行为）的影响。本研究具体从以下四个方面展开了研究并取得了进展。

其一，敬畏情绪作为一种成分复杂的情绪，对个体认知及行为产生了独特影响；其拓展了个体对自我和时间的认知以及对外部世界的认知方式，进而建构了个体持久的个人资源。

弗雷德里克森认为积极情绪与消极情绪具有不同的进化意义[27, 28]。消极情绪可以窄化个体的暂时性的认知—行为储备范围，有助于个体面对外部的威胁刺激时，更好地集中和调整应激资源以快速地采取行动，躲避威胁以促进生存。与之相对应，积极情绪具备了与消极情绪互补的作用，即拓展—建构功能，其提升了个体思维与行为的开放性和灵活性。例如，快乐导致了玩耍、挑战极限和创造的冲动。感兴趣会催生探索的冲动，令个体采纳新的资源和经验，扩展自我；满足感会引起一种渴望，让人坐下来品味当前的生活环境，并将这些环境融入对自我和世界的新看法中；爱可以创造出与我们所爱的人玩耍、探索和品味的冲动循环。各种情绪所带来的不同的思维及行为倾向，均体现了积极情绪对个体认知—行为储备的拓展，并最终构建了持久的个人资源。基于积极情绪的拓展—建构理论，我们揭示了敬畏情绪的拓展—建构功能。敬畏情绪对个体的认知及行为的影响既体现了与一般积极情绪共通的功能，如促使个体思维更为开放、创新和灵活，又有区别于其他情绪的独特功能，如拓展了对自我和时间的认知，以及增进了对世界进行解释的渴望。但同时我们也必须承认，虽然现有大多数研究将敬畏认定为积极情绪，但其也不可避免地存在消极效价的表现，并具有与消极情绪类似的作用。如敬畏情绪促使个体采用系统化信息处理方式。格里斯克维丘斯等的研究指出，相对于其他积极情绪（如满足、幽默）和中性情绪，敬畏情绪状态下，个体对低质量说服信息的接受程度显著低于其他积极情绪[77]。丹弗斯（Danvers）和希奥塔发现，相对于一般积极情绪和中性情绪，敬畏情绪会使个体减少利用已有知识这一启发式线索对信息进行判断[241]。敬畏情绪所带来的复杂认知及行为变化再次表明，敬畏情绪是包含有多重情绪成分及效价表现的复杂情绪。

其二，敬畏情绪是影响绿色消费行为的积极因素。该效应可通过自然联结和社会联结进行解释。性别对该效应发挥了调节作用。

绿色消费行为是指个体在消费的全过程中将环境保护考虑在内，以尽量降低其带来的对环境的消极效应[159]。现有研究较多关注消费者自身的环保价值观、态度和情绪因素对绿色消费的影响。然而一般情境下的情绪因素对绿色消费的影响尚未得到关注。基于此，我们的研究关注消费者在一般情境下稳定的敬畏情绪倾向对绿色消费的影响。敬畏作为典型的自我超越情绪体验，会降低对自我的关注，增强对外部世界的感知，促使个体认为自我是外部世界的一部分[46]，因此有利于建立基于外部整体利益（包括自然世界和人类社会）的决策视角[46]。现有研究已经证明了敬畏情绪对亲社会行为的促进，我们证明敬畏对亲环境相关行为（绿色消费）同样具有促进作用。此外，本研究发现联结感（社会联结、自然联结），尤其是自然联结，对绿色消费有积极影响。自然联结是亲环境行为的重要前因变量[177]。本研究将该发现予以扩展，从自然联结的角度明确了敬畏情绪对亲环境相关行为的影响机制。最后，本研究发现了性别对敬畏情绪与绿色消费行为关系的调节作用。以往研究结论主要关注人口统计学变量对绿色消费行为的直接效应，且尚未得到较为一致的结论[70]。本研究以人口统计学变量作为调节因素，检验了其对敬畏情绪与绿色消费行为之间关系的影响。结果表明，相对于女性，男性群体的绿色消费行为对敬畏情绪更为敏感，而年龄、受教育程度及月收入对主效应的调节作用并不显著。

其三，敬畏情绪的社会功能除了体现亲社会性，还通过提升社会联结促进了消费者的从众选择。该效应随着消费者知识水平的差异而发生变化。

在消费领域中，从众是一种常见现象，是个体在了解到其他人或集体对于产品的评估信息、消费意向及决策结果后，有意识或无意识地改变自己的相关态度、意向和行为结果，并与其他人或集体趋同[180]。最近研究发现积极情绪能够促进从众选择，而消极情绪抑制从众[41]。之后，情绪效价和从众之间的关系受到格里斯克维丘斯等的质疑[186]。该研究发现，恐惧作为典型的消极情绪通过激活个体的自我保护需要也提升了从众水平。这表明效价并不足以区分情绪对从众的差异化影响，应该从单个情绪的角度研究其对从众的作用。基于此，本研究关注一种以他人为导向的情绪——敬畏。敬畏情绪降低了个体对自我的关注，将自我概念的内容从自身扩展为包含更多的社会成分，并促使个体更多地基于他人的利益做出决策。因此，我们提出敬畏情绪增强了个体与社会群体观点趋同的倾向，具体检验了敬畏对个人在消费情境中的从众的影响以及社会联结的解释作用，并从消费者知识的角度明确了该效应的边界条件。研究结论印证了以往研究结论，即积极情绪对从众选择有促进作用，并发现，基于威胁的敬畏情绪同样对从众选择具有积极影响。另外，本研究发现社会联结可以有效解释敬畏情绪对从众消费的积极影响，这与以往研究中将与他人亲密关系感知作为从众选择有效诱发因素的结论相呼应。同时，现有对敬畏的社会功能心理机制的探讨主要定位为小我，即个体对自我概念的削弱，以及对外部世界的关注等[2]。本研究更加具体地阐述了敬畏影响个体自我概念的方式为增进了对社会的联结感，并通过社会联结作用于从众消费行为。

其四，作为典型的自我超越情绪，敬畏情绪提升了个体的精神性水平，进而对炫耀消费行为具有抑制作用。

炫耀消费是个体利用外显性的消费彰显个人财富，以强化和传递社会身份形象和信息[211]。人们进行炫耀消费的目的是自我表达与自我提升，并希望通过消费行为使其他人可以按照自己的意愿来感知自我[206]。现有研究大多从产品属性、情境因素和消费者个人特质方面对炫耀消费的影响因素进行探讨，但关于情绪，尤其是偶发情绪对炫耀消费的影响的探讨相对有限。在此背景下，我们关注一种以自我超越为导向的情绪——敬畏。敬畏与精神性高度关联，而且自我超越动机与自我提升动机相互冲突，所以我们提出，敬畏通过提升个体的精神性水平，有助于降低个体炫耀消费中的自我提升动机。研究结果表明，敬畏可以通过提高个体的精神性水平降低个体的炫耀偏

好。该结论与现有研究中将精神性和自我超越直观作为炫耀消费抑制因素的发现相呼应。另外，以往关于敬畏情绪的研究主要基于其对集体主义自我概念的影响，探讨其社会功能，本研究将敬畏情绪的影响扩展到自我超越导向的自我概念，并从精神性的理论视角探讨敬畏情绪对个体的以自我提升为导向的行为的影响。这不仅扩展了敬畏情绪的行为影响的研究范畴，也丰富了对敬畏情绪行为影响的心理机制的探讨。

6.2　理论贡献

本研究通过聚焦敬畏情绪对个体消费行为的影响，对敬畏情绪、消费者的联结感和精神性，以及特定的消费行为研究领域有以下六点理论贡献。

其一，探究了敬畏情绪对个体特定消费行为的影响，开拓了敬畏情绪的行为结果的研究领域，为消费者情绪研究开辟了新的方向。

敬畏作为一种普遍存在的复杂情绪，往往给个体内在带来持久且深刻的变化，是近来心理学领域的研究热点，但关于敬畏对个体消费行为的影响的讨论仍然有限。基于此背景，不同于以往敬畏情绪研究更多地关注其对个体的心理及一般社会行为的影响，本研究将消费行为作为一个新的研究方向，探讨敬畏情绪对绿色消费行为、从众消费行为和炫耀消费行为的影响及心理机制。研究结论呼应了现有的研究成果，为敬畏情绪的行为结果研究探索了新的领域，同时也为消费领域对消费者情绪的关注增添了新的方向。

其二，揭示了敬畏情绪的拓展—建构功能，为全面认识和挖掘敬畏对个体认知及行为的潜在影响提供了理论参考。

以往敬畏情绪的研究往往以具体的认知及行为结果作为研究关注点，所以研究结论相对零散，如敬畏情绪会导致自我概念的变化、不确定性、联结感等心理体验，以及亲社会表现等。基于现有研究成果，我们无法形成对于敬畏情绪功能的全局思考。各个研究方向缺乏系统的理论架构。本研究通过引入积极情绪的拓展—建构功能这一理论视角，对敬畏情绪的功能进行了重新认识与梳理。我们发现，敬畏情绪对个体的认知及行为的影响既体现了与一般积极情绪共通的功能，如促使个体思维更为开放、创新和灵活，又有区别于其他情绪的独特功能，如拓展了对自我概念和时间的认知，以及拓展了对外部世界的认知方式。研究结论不仅加深了对敬畏与积极情绪之间关联的理解，也为全面认识以及挖掘敬畏对个体认知及行为的潜在影响提供了理论参考。

其三，基于自然联结和社会联结的视角探讨了敬畏情绪对绿色消费行为的影响机制，为敬畏情绪的行为结果的心理机制研究提供了新的研究视角，完善了现有对绿色消费行为的情绪影响因素的探寻。

敬畏作为典型的自我超越情绪，有利于个体建立基于外部整体利益的决策视角。目前，敬畏情绪研究主要关注其对个体社会交互行为的影响，对于敬畏对环境保护相关行为的影响的研究相对有限。通过实证研究方式，我们基于联结感（自然联结、社会联结）的视角检验了敬畏情绪对绿色消费行为的影响。绿色消费行为与亲社会行为存在本质差异。亲社会行为体现的是对他人利益的关切，而绿色消费体现的是消费者对自然世界的关注与保护。敬畏情绪对亲社会行为倾向的解释机制主要是自我概念的变化，主要体现在对自我的削弱，以及对外部世界的关注等[2]。本研究更加具体地阐述了敬畏影响自我概念的方式为增进了对自然和社会的联结感，并通过联结感（自然联结、社会联结）作用于绿色消费行为。研究结论丰富了敬畏情绪对亲环境相关行为的影响机制的研究成果，并为敬畏情绪的行为结果的心理机制探讨提供了新的方向。另外，从绿色消费行为的研究来看，现有研究较多关注环境保护相关的内在价值观、态度以及情绪因素对绿色消费的影响。一般情境下的情绪因素对绿色消费的影响尚未得到关注。本研究通过检验消费者在一般情境下稳定的敬畏情绪倾向通过联结感（自然联结、社会联结）对绿色消费的影响，在丰富了绿色消费行为的情绪前因变量的讨论的同时，也增进了情绪变量对绿色消费决策影响机制的研究。

其四，构建并检验了敬畏情绪对从众消费行为的影响机制的概念模型，深化了对于敬畏情绪所带来的基于个体层面的社会功能行为表现及其心理机制的理解，扩展了单个情绪因素对从众消费的影响机制研究。

基于情绪的（社会）功能性理论，个体评价过程中产生的情绪作为一种信息，有助于个体更好地回应社会交互中的问题或机会[20]。现有研究已经发现，敬畏情绪会增进个体的亲社会行为表现。通过实证研究方法，我们证实了敬畏情绪对从众消费的影响。亲社会行为与从众消费行为存在本质差异。亲社会行为体现的是对他人利益的关切和对他人内在的友善，而从众行为体现的是与他人意见与决策保持一致的倾向。研究结论不仅呼应了敬畏情绪的亲社会功能的现有研究成果，还丰富了敬畏情绪的社会功能理论。另外，从从众消费行为研究的角度来看，现有研究已经发现个别情绪可以提升消费者从众，如感激、恐惧等。本研究结论丰富了从众消费的情绪前因变量的讨论，并通过明确社会联结可以解释敬畏对消费者的从众化消费选择的促进作用，扩展了情绪因素影响从众消费行为的心理机制研究。

其五，证实了敬畏情绪通过提升精神性抑制了个体的炫耀性消费，丰富了敬畏情绪影响以自我提升为导向的行为的研究成果，增进了对情绪因素影

响个体炫耀消费行为的机制的探究，推动了精神性研究在消费行为领域的应用和延伸。

现有敬畏情绪研究主要关注其社会功能，如敬畏情绪促进个体的谦卑、集体融入等亲社会行为，然而关于敬畏情绪影响以自我提升为导向的相关行为的研究非常有限。我们通过聚焦敬畏情绪对炫耀消费的影响，对该领域进行了讨论。本研究发现敬畏情绪通过提升个体内在的精神性水平，抑制了个体以外在自我提升为导向的炫耀消费行为。研究结论完善了敬畏情绪对个体认知及行为影响的认识，为未来探讨敬畏情绪影响以自我提升为导向的相关行为的研究提供了理论参考。另外，从炫耀消费行为研究的角度来看，现有研究大多聚焦于产品属性、情境因素和消费者个人特质对炫耀消费的影响，较少关注个体情绪对炫耀消费的潜在影响。本研究通过检验敬畏对消费者炫耀行为的影响，进一步丰富了对炫耀消费的情绪前因变量的讨论。在此基础上，本研究明确了精神性有助于解释敬畏对炫耀消费行为的积极影响。研究结论深化了情绪因素对个体炫耀消费行为的影响机制的理解，也推动了精神性研究在社会行为领域，尤其是消费行为领域的应用和延伸。

其六，识别了敬畏情绪的行为影响的效应边界，促进了敬畏情绪的行为影响研究的纵深发展。

现有关于敬畏情绪的研究主要集中于心理学及社会学领域，重点关注敬畏情绪对个体的一般性认知与行为的影响，对敬畏情绪的效应边界关注不足。本研究通过聚焦于消费者的人口统计学因素（如性别）以及个人内在因素（如消费者知识），具体探讨了敬畏情绪对绿色消费行为和从众消费行为的边界条件。结果表明，性别因素可以有效调节敬畏情绪对绿色消费的促进作用。相对于女性，男性的绿色消费行为对敬畏情绪更为敏感。消费者知识可以有效调节敬畏情绪对从众的影响。相对于具备高产品知识水平的个体，敬畏通过社会联结对从众消费的促进作用对低产品知识水平的个体更为显著。研究结果完善了对敬畏情绪所带来的行为结果的深入刻画，促进了敬畏情绪的行为影响研究的纵深发展。

6.3　实践启示

研究结论对于政府管理、企业实践以及消费者个人决策均具有一定的现实指导意义。

其一，由于敬畏情绪是维持社会和谐有序的文化力量，有助于树立健康的消费观念，促进个体在消费过程中更多地考虑自然环境和社会的整体利益，避免对物质的过分追逐。因此政府需要加强全社会的敬畏教育，加大产业及行业监管力度，结合法律手段和柔性助推手段共同营造有助于树立敬畏感的社会氛围和市场环境。

首先，敬畏是维持社会和谐有序的文化力量[1]，有助于个体从集体利益出发，降低对自我的过分关注[46]。中国传统文化历来警示人类必须长存敬畏之心。在此背景下，政府需要从全社会层面加强敬畏教育，培养大众对自然世界和人类社会的敬畏之情，只有这样才能有利于社会的长治久安和人民的幸福。

其次，敬畏情绪有助于个体树立健康的消费观念，既可以促进个体在消费过程中更多地考虑自然环境和社会的整体利益，又可以避免对物质的过分追逐。因此引导建立消费者的敬畏心态将对营造积极健康的市场环境起到重要作用。由于凝聚匠心的产品和安全稳定的市场秩序是消费者对产品和市场心存敬畏的基础条件，所以国家需从行业及产业监管层面，加大法律及公共政策管控力度，加强对各行业，尤其是涉及民生的高关注度行业的产品质量安全监督和管控，为建立消费者的敬畏心态提供外部保障。

最后，理论研究揭示了个体情绪是影响消费者行为决策的重要因素[11]。为了更好地保障消费者的权益，国家应采用法律手段禁止企业通过滥用操纵消费者情绪的手段获取利益，并对违规企业和组织予以严惩。在切实保障消费者利益的同时，由于敬畏情绪有利于让消费者形成健康良好的消费习惯，所以对于消费者的引导，国家可采用融合敬畏情绪的助推方式，尝试利用公益活动、媒体宣传等多种方式，通过树立行业标杆、打造行业带头人的方式引导和增进消费者对市场环境和企业的敬畏感，进而实现引导形成健康消费环境的最终目标。

其二，在营销实践方面，企业可在日常营销手段中融合敬畏情绪的诱发元素，也可通过间接的方式定位体验敬畏情绪的个体以进行精准营销。

本研究证明了敬畏情绪是消费者行为的有效影响因素，这不仅为现有的包含敬畏诱发因素的营销手段的消费促进作用提供了理论解释，还可以为未来创新营销手段提供理论依据。企业可以考虑通过直接诱发消费者敬畏情绪的方式，积极引导消费者的选择偏好，如目前绿色产品企业较常采用的，产品包装及广告宣传与自然景观相结合。另外，如果企业想要推动消费者的消费潮流或巩固自身的市场地位，在结合本身品牌形象及产品特征基础上，也可以尝试结合宏伟自然景观，选择强有力的人物作为代言人，以提升消费者的敬畏情绪，进而增加消费者对产品的认可。除了直接诱发敬畏情绪，企业也可以尝试通过间接手段定位体验敬畏情绪的个体，进而进行有针对性的营销。本研究指出个体在消费场景以外体验的偶发情绪对之后的消费决策同样有持续性的影响，所以企业可以尝试筛选能够集中引发消费者敬畏情绪的事件或场所，通过定位这些受众或参与人员，进行针对性的营销宣传，最终提升企业的绩效表现。如针对自然环境类、伟人事迹类电视及网络节目的忠实观众，以及参与某些重大标志性节庆活动（如国庆节）的群众等发送绿色产品广告，或者在针对这些受众的广告信息中主打产品的畅销特征等。

其三，消费者可以尝试增加敬畏情绪体验，以帮助自身建立健康和谐的消费观念。

敬畏情绪有助于消费者建立基于整体利益的消费理念，并减少对个人私欲的过分关注，所以消费者可以通过体验敬畏情绪提升个人福利水平。基于此，消费者应认识到自身情绪对个人消费决策发挥的潜在作用，并在实际生活中有意识地进行情绪管理，确保自己保持良好的情绪状态，可尝试增加生活中与敬畏情绪相关的生活体验，如登高望远、欣赏艺术作品等。

6.4　未来研究方向

本研究构建了敬畏情绪对三种特定消费者行为的影响的理论框架模型，综合采用问卷调查法和实验法检验了相关理论假设，对现有的理论研究进行了一定的创新和补充，但是，研究过程中难免存在一定的局限，希望在未来研究中能够尽可能地弥补完善。

（1）情绪的操纵方法有待未来研究丰富

本研究所采用的情绪诱发手段均为心理学领域的经典的情绪诱发方法。虽然这在一定程度上保证了诱发手段的权威性和有效性，但与消费情境的结合不足，进而导致研究结论对消费实践的借鉴作用受到局限。未来研究可尝试开发其他有效的敬畏情绪诱发方法，如采用广告语、广告视频或典型的品牌激发消费者的敬畏情绪。另外，除了实验室条件下的情绪操纵，未来还可以尝试捕捉日常敬畏体验下消费者的行为表现。

（2）不同类型敬畏情绪对个体认知与行为的差异化影响有待深入探讨

围绕凯尔特纳和海特对敬畏情绪的定义与结构，不同类型的敬畏情绪体验在诱发来源、情绪效价和情绪成分上均有巨大差异[1]。本研究的实验设计中，大多关注的是积极敬畏，仅在敬畏与从众消费关系研究中涉及消极敬畏。未来研究需要区分不同效价以及不同诱发来源的敬畏情绪是否会对消费者的行为带来差异化的影响。

（3）对于敬畏情绪所带来的行为改变的心理机制研究需要进一步完善

本研究将联结感区分为社会联结和自然联结。其实联结感还可以有其他的表现形式，如对国家的联结感、对品牌的联结感。未来研究可尝试比较不同类别的联结感所带来的行为差异，并可以尝试引入其他形式的联结感来探讨特定情境下敬畏情绪对个体行为的影响。另外，除了联结感和精神性，现有研究还发现敬畏情绪可以影响个体对自我的感知（小我）、不确定性感知和时间感知等。未来需要关注其他心理效应带来的影响。

（4）未来研究需要丰富消费行为决策的测量手段

本研究主要采用个体自主报告的方式测量消费者的行为倾向和偏好。然而，个体的主观报告往往受到社会赞许性、填答投入程度等因素的干扰，结果有时不能稳定反映被试的真实选择。近来受到广泛关注的神经营销学领域采用的技术手段能够测量消费者的潜意识，可以更好地监测消费者的真实反应，未来的研究可考虑结合使用该技术手段。

参考文献

REFERENCE

[1] KELTNER D, HAIDT J. Approaching awe, a moral, spiritual, and aesthetic emotion[J]. Cognition and Emotion, 2003, 17(2): 297–314.

[2] PIFF P K, DIETZE P, FEINBERG M, et al. Awe, the small self, and prosocial behavior[J]. Journal of Personality and Social Psychology, 2015, 108(6): 883–899.

[3] RUSSELL J A. Core Affect and the Psychological Construction of Emotion[J]. Psychological Review, 2003, 110(1): 145–172.

[4] BAGOZZI R P, GOPINATH M, NYER P U. The Role of Emotions in Marketing[J]. Journal of the Academy of Marketing Science, 1999, 27(2): 184–206.

[5] KELTNER D, SHIOTA M N. New displays and new emotions: A commentary on Rozin and Cohen[J]. Emotion. 2003, 3(1): 86–91.

[6] PLUTCHIK R. A Psychoevolutionary theory of emotions[J]. Social Science Information, 1982, 21(4–5): 529–553.

[7] BATRA R, RAY M L. Affective responses mediating acceptance of advertising[J]. Journal of Consumer Research, 1986, 13(2): 234–249.

[8] KELTNER D, YOUNG R C, BUSWELL B N. Appeasement in human emotion, social practice, and personality[J]. Aggressive Behavior, 1997, 23(5): 359–374.

[9] RUSSELL J A. A circumplex model of affect[J]. Journal of Personality and Social Psychology, 1980, 39: 1161–1178.

[10] WATSON D, TELLEGEN A. Toward a consensual structure of mood[J]. Psychological Bulletin, 1985, 98: 219–235.

[11] SMITH C A, ELLSWORTH P C. Patterns of cognitive appraisal in emotion[J]. Journal of Personality and Social Psychology, 1985, 48: 813–838.

[12] LAZARUS R S. Emotion and adaptation[M]. Oxford University Press, 1991.

[13] ROSEMAN I J. Cognitive determinants of emotion: A structural theory[J]. Review of Personality and Social Psychology, 1984, 5: 11–36.

[14] WEINER B. A cognitive (attribution)-emotion-action model of motivated behavior: An analysis of judgments of help-giving[J]. Journal of Personality and Social Psychology, 1980, 39: 186–200.

[15] NESSE R M. Evolutionary explanations of emotions[J]. Human Nature, 1990, 1(3): 261–289.

[16] EKMAN P. An argument for basic emotions[J]. Cognition and Emotion, 1992, 6: 169–200.

[17] LUTZ C, WHITE G M. The anthropology of emotions[J]. Annual Review of Anthropology, 1986, 15(1): 405–436.

[18] FRIJDA N N, MESQUITA B, SONNEMANS J, et al. The duration of affective phenomena or emotions, sentiments.and passions[J]. International Review of Studies on Emotion, 1991, 1: 187–225.

[19] KELTNER D, HAIDT J. Social functions of emotions at four levels of analysis[J]. Cognition and Emotion, 1999, 13: 505–521.

[20] CAMPOS J J, CAMPOS R G, BARRETT K C. Emergent themes in the study of emotional development and emotion regulation[J]. Developmental Psychology,

1989, 25: 394–402.

[21] KLINNERT M, CAMPOS J, SORCE J, et al. Emotions as behavior regulators: Social referencing in infants[M]. New York Academic Press, 1983.

[22] HAN S, LERNER J S, KELTNER D. Feelings and consumer decision making: The appraisal - tendency framework[J]. Journal of consumer psychology, 2007, 17(3): 158–168.

[23] LERNER J S, HAN S, KELTNER D. Feelings and consumer decision making: Extending the appraisal-tendency framework[J]. Journal of consumer psychology, 2007, 17(3): 181–187.

[24] LERNER J S, KELTNER D. Fear anger and risk[J]. Journal of Personality and Social Psychology, 2001, 81(1): 146–159.

[25] GOLDBERG J H, LERNER J S, TETLOCK P E. Rage and reason: The psychology of the intuitive prosecutor[J]. European Journal of Social Psychology, 1999, 29: 781–795.

[26] RAGHUNATHAN R, PHAM M T. All negative moods are not equal: Motivational in uences of anxiety and sadness on decision making[J]. Organizational Behavior and Human Decision Processes, 1999, 79: 56–77.

[27] FREDRICKSON B L. What good are positive emotions?[J]. Review of General Psychology, 1998, 2(3): 300–319.

[28] FREDRICKSON B L. The role of positive emotions in positive psychology: The broaden-and-build theory of positive emotions[J]. American Psychologist, 2001, 56: 218–226.

[29] FREDRICKSON B L. The role of positive emotions in positive psychology: The broaden-and-build theory of positive emotions[J]. American Psychologist, 2004, 359(1449): 1367–1377.

[30] 周雅. 情绪唤起对执行功能的作用 [J]. 心理科学进展，2013，21(7)：1186–1199.

[31] LERNER J S, KELTNER D. Beyond valence: Toward a model of emotion-specific influences on judgement and choice[J]. Cognition and Emotion, 2000, 14(4): 473–493.

[32] WESTBROOK R A, OLIVER R L. The Dimensionality of Consumption Emotion Patterns and Consumer Satisfaction. Journal of Consumer Research, 1991, 18: 84–91.

[33] DUBÉ L, BÉLANGER M C, TRUDEAU E. The role of emotions in health care satisfaction. Positive feelings have the expected effect, but negative ones do not always result in dissatisfaction[J]. Journal of Health Care Marketing, 1996, 16(2): 45.

[34] AMATULLI C, DE ANGELIS M, PELUSO A M, et al. The effect of negative message framing on green consumption: An investigation of the role of shame[J]. Journal of Business Ethics, 2019, 157(4): 1111–1132.

[35] HARRISON-WALKER L J. The role of cause and affect in service failure[J]. Journal of Services Marketing, 2012, 26(2-3): 115–122.

[36] CESAREO L, WILLIAMS P, WU E, et al. The Unexpected consequences of beautiful products: Sacredness, awe and forgiveness[J]. Advances in Consumer Research, 2017, 45: 555–557.

[37] LASTNER M M, FOLSE J A G, MANGUS S M, et al. The road to recovery: Overcoming service failures through positive emotions[J]. Journal of Business Research, 2016, 69(10): 4278–4286.

[38] RUDD M, HILDEBRAND C, VOHS K D. Inspired to create: Awe enhances openness to learning and the desire for experiential creation[J]. Journal of

Marketing Research, 2018, 55(5): 766–781.

[39] ROWE Z O, WILSON H N, DIMITRIU R, et al. Pride in my past: In uencing sustainable choices through behavioral recall[J]. Psychology and Marketing, 2019, 36(4): 276–286.

[40] SU L, WAN L C, WYER JR R S. The contrasting in uences of incidental anger and fear on responses to a service failure[J]. Psychology and Marketing, 2018, 35(9): 666–675.

[41] TONG E M W, TAN C R M, LATHEEF N A, et al. Conformity: Moods matter[J]. European Journal of Social Psychology, 2008, 38(4): 601–611.

[42] JIA L, LEE L N, TONG E M W. Gratitude facilitates behavioral mimicry[J]. Emotion, 2015, 15: 134–138.

[43] VAKEEL K A, SIVAKUMAR K, JAYASIMHA K R, et al. Service failures after online ash sales: Role of deal proneness, attribution, and emotion[J]. Journal of Service Management, 2018, 29(2): 253–276.

[44] NIKBIN D, HYUN S S, BAHARUN R, et al. The determinants of customers'behavioral intentions after service failure: The role of emotions[J]. Asia Pacific Journal of Tourism Research, 2015, 20(9): 971–989.

[45] 叶巍岭，周欣悦，黄蓉．敬畏感的复杂性及其在消费行为领域的研究展望 [J]. 外国经济与管理，2018(5)：69–83.

[46] SHIOTA M N, KELTNER D, MOSSMAN A. The nature of awe: Elicitors, appraisals, and effects on self-concept[J]. Cognition and Emotion, 2007, 21(5): 944–963.

[47] HICKS J R, STEWART W P. Exploring potential components of wildlife-inspired awe[J]. Human Dimensions of Wildlife, 2018, 23: 293–295.

[48] GORDON A M, STELLAR J E, ANDERSON C L, et al. The dark side of the

sublime: Distinguishing a threat-based variant of awe[J]. Journal of Personality and Social Psychology, 2016, 113(2): 310–328.

[49] 田野，卢东，POWPAKA S. 游客的敬畏与忠诚：基于情绪评价理论的解释 [J]. 旅游学刊，2015，30(10)：80–88.

[50] PEARCE J, STRICKLAND-MUNRO J, MOORE S A. What fosters awe inspiring experiences in nature-based tourism destinations?[J]. Journal of Sustainable Tourism, 2017, 1–17.

[51] BAI Y, MARUSKIN L A, CHEN S, et al. Awe, the diminished self, and collective engagement: Universals and cultural variations in the small self[J]. Journal of Personality and Social Psychology, 2017, 113(2): 185–209.

[52] PILGRIM L, NORRIS J I, HACKATHORN J. Music is awesome: In uences of emotion, personality, and preference on experienced awe[J]. Journal of Consumer Behaviour, 2017, 16(5): 442–451.

[53] 董蕊，彭凯平，喻丰 . 积极情绪之敬畏 [J]. 心理科学进展，2013，21(11)：1996–2005.

[54] ALGOE S B, HAIDT J. Witnessing excellence in action: The "other praising" emotions of elevation, gratitude, and admiration[J]. The Journal of Positive Psychology, 2009, 4(2): 105–127.

[55] STELLAR J E, GORDON A, ANDERSON C L, et al. Awe and Humility[J]. Journal of Personality and Social Psychology, 2017, 114(2): 258–269.

[56] STELLAR J E, GORDON A M, PIFF P K, et al. Self-transcendent emotions and their social functions: Compassion, gratitude, and awe bind us to others through prosociality[J]. Emotion Review, 2017, 9(3): 200–207.

[57] TRACY J L, ROBINS R W. The psychological structure of pride: A tale of two facets[J]. Journal of personality and social psychology, 2007, 92(3): 506–525.

[58] HALSTEAD J M, HALSTEAD A O. Awe, tragedy and the human condition[J]. International Journal of Children's Spirituality, 2004, 9(2): 163–175.

[59] VAN CAPPELLEN P, SAROGLOU V, IWEINS C, et al. Self-transcendent positive emotions increase spirituality through basic world assumptions[J]. Cognition and Emotion, 2013, 27(8): 1378–1394.

[60] HAIDT J. The positive emotion of elevation[J]. Prevention and Treatment, 2000, 3(1).

[61] SCHNALL S, ROPER J, FESSLER D M T. Elevation leads to altruistic behavior[J]. Psychological Science, 2010, 21(3): 315–320.

[62] 黄玺，梁宏宇，李放，等. 道德提升感：一种提升道德情操的积极道德情绪 [J]. 心理科学进展，2018，26(7)：1253–1263.

[63] 梁宏宇，陈石，熊红星，等. 人际感恩：社会交往中重要的积极情绪 [J]. 心理科学进展，2015，23(3)：479–488.

[64] SMITH R H, KIM S H. Comprehending envy[J]. Psychological Bulletin, 2007, 133(1): 46–64.

[65] SCHURTZ D R, BLINCOE S, SMITH R H, et al. Exploring the social aspects of goose bumps and their role in awe and envy[J]. Motivation and Emotion, 2012, 36(2): 205–217.

[66] 陈世民，吴宝沛，方杰，等. 钦佩感：一种见贤思齐的积极情绪 [J]. 心理科学进展，2011，19(11)：1667–1674.

[67] GULLONE E. The development of normal fear[J]. Clinical Psychology Review, 2000, 20(4): 429–451.

[68] RUDD M, VOHS K D, AAKER J. Awe expands people's perception of time, alters decision making, and enhances well-being[J]. Psychology Science, 2012, 23(10): 1130–1136.

[69] VAN CAPPELLEN P, SAROGLOU V. Awe activates religious and spiritual feelings and behavioral intentions[J]. Psychology of Religion and Spirituality, 2012, 4(3): 223–236.

[70] SHIOTA M N, KELTNER D, JOHN O P. Positive emotion dispositions differentially associated with big five personality and attachment style[J]. Journal of Positive Psychology, 2006, 1(2): 61–71.

[71] BONNER E T. Exploring dispositional awe and its relationship with spiritual intelligence: Measuring dispositional awe as a multidimensional construct[D]. San Diego, USA: Northcentral University, 2015.

[72] VAN ELK M, KARINEN A, SPECKER E, et al. 'Standing in awe': The effects of awe on body perception and the relation with absorption[J]. Collabra, 2016, 2(1): 1–16.

[73] VALDESOLO P, SHTULMAN A, BARON A S. Science is awe-some: The emotional antecedents of science learning[J]. Emotion Review, 2017, 9(3): 215–221.

[74] YANG Ying, YANG Ziyan, BAO Taoxun, et al. Elicited awe decreases aggression[J].Journal of Pacific Rim Psychology, 2016, 10(e11).

[75] WILLIAMS P, COLEMAN N V, MORALES A C, et al. Connections to brands that help others versus help the self: The impact of incidental awe and pride on consumer relationships with social-benefit and luxury brands[J]. Journal of the Association for Consumer Research, 2018, 3(2): 202–215.

[76] JIANG Libin, YIN Jun, MEI Dongmei, et al. Awe weakens the desire for money[J]. Journal of Pacific Rim Psychology, 2018, 12: 1–10.

[77] GRISKEVICIUS V, SHIOTA M N, NEUFELD S L. Influence of different positive emotions on persuasion processing: a functional evolutionary approach.

Emotion, 2010, 10(2):190-206.

[78] VALDESOLO P, GRAHAM P. Awe, Uncertainty, and Agency Detection[J]. Psychological Science, 2014, 25: 170-178.

[79] CAMPOS B, SHIOTA M N, KELTNER D, et al. What is shared, what is different? Core relational themes and expressive displays of eight positive emotions[J]. Cognition and Emotion, 2013, 27(1): 37-52.

[80] BAUMEISTER R F, LEARY M R. The need to belong: Desire for interpersonal attachments as a fundamental human motivation[J]. Psychological Bulletin, 1995, 117(3): 497-529.

[81] BONNER E T, FRIEDMAN H L. A conceptual clarification of the experience of awe: An interpretative phenomenological analysis[J]. The Humanistic Psychologist, 2011, 39(3): 222-235.

[82] PRADE C, SAROGLOU V. Awe's effects on generosity and helping[J]. Journal of Positive Psychology, 2016, 11(5): 522-530.

[83] 卢东，张博坚，王冲，等. 产生敬畏的游客更有道德吗?——基于实验方法的探索性研究 [J]. 旅游学刊，2016，31(12)：51-61.

[84] DEMOULIN S, SAROGLOU V, VAN PACHTERBEKE M. Infra-humanizing others.supra-humanizing gods: The emotional hierarchy[J]. Social Cognition, 2008, 26: 235-247.

[85] MOAL-ULVOAS G. Positive emotions and spirituality in older travelers[J]. Annals of Tourism Research, 2017, 66: 151-158.

[86] SAROGLOU V, BUXANT C, TILQUIN J. Positive emotions as leading to religion and spirituality[J]. Journal of Positive Psychology, 2008, 3: 165-173.

[87] STILLMAN T F, FINCHAM F D, VOHS K D, et al. The material and immaterial in con ict: Spirituality reduces conspicuous consumption[J]. Journal of Economic

Psychology, 2012, 33(1): 1–7.

[88] KOH A H Q, TONG E M W, YUEN A Y L. The buffering effect of awe on negative affect towards lost possessions[J]. Journal of Positive Psychology, 2015: 1–10.

[89] CHIRICO A, GLAVEANU V P, CIPRESSO P, et al. Awe enhances creative thinking: An experimental study[J]. Creativity Research Journal, 2018, 30(2): 123–131.

[90] GOTTLIEB S, KELTNER D, LOMBROZO T. Awe as a scientific emotion[J]. Cognitive Science, 2018, 42: 2081–2094.

[91] KRAUSE N, HAYWARD R D. Awe of god, congregational embeddedness, and religious meaning in life[J]. Review of Religious Research, 2014, 57(2): 1–20.

[92] PRESTON J L, EPLEY N. Science and God: An automatic opposition between ultimate explanations[J]. Journal of Experimental Social Psychology, 2009, 45: 238–241.

[93] PRESTON J L. Religion is the opiate of the masses (but science is the methadone) [J]. Religion, Brain and Behavior, 2011, 1: 231–233.

[94] VALDESOLO P, PARK J, GOTTLIEB S. Awe and scientific explanation[J]. Emotion, 2016, 16(7): 937–940.

[95] KLARIN M, POROROKOVIĆ A, SAŠIĆ S Š, et al. Some characteristics of social interactions among adolescents in Croatia, Bosnia and Herzegovina, and Macedonia. Psychology Research and Behavior Management, 2012, 5: 163–72.

[96] BRAGG E A. Towards ecological self: Deep ecology meets constructionist self-theory[J]. Journal of Environmental Psychology, 1996, 16: 93–108.

[97] BARLETT P F. Reason and reenchantment in cultural change: Sustainability in higher education[J]. Current Anthropology, 2008, 49: 1077–1098.

[98] KALS E, SCHUMACHER D, MONTADA L. Emotional affinity toward nature as a motivational basis to protect nature[J]. Environment and Behavior, 1999, 31: 178–202.

[99] MAYER F S, FRANTZ C M. The connectedness to nature scale: A measure of individuals' feeling in community with nature[J]. Journal of Environmental Psychology, 2004, 24: 503–515.

[100] NISBET E K, ZELENSKI J M. Underestimating nearby nature: Affective forecasting errors obscure the happy path to sustainability[J]. Psychological Science, 2011, 22: 1101–1106.

[101] CHENG J C, MONROE M C. Connection to nature: Children's affective attitude toward nature[J]. Environment and Behavior, 2012, 44(1): 31–49.

[102] COLLADO S, STAATS H, CORRALIZA J A. Experiencing nature in children's summer camps: Affective, cognitive and behavioral consequences[J]. Journal of Environmental Psychology, 2013, 33: 37–44.

[103] SCHULTZ P W, TABANICO J. Self, identity, and the natural environment: Exploring implicit connections with nature[J]. Journal of Applied Social Psychology, 2007, 37: 1219–1247.

[104] WOLSKO C, LINDBERG K. Experiencing connection with nature: The matrix of psychological well-being, mindfulness, and outdoor recreation[J]. Ecopsychology, 2013, 5(2): 80–91.

[105] RICHARDSON M, MCEWAN K. 30 Days wild and the relationships between engagement with nature's beauty, nature connectedness and well-being[J]. Frontiers in Psychology, 2018, 9: 1500.

[106] MAYER F S, FRANTZ C M, BRUEHLMAN-SENECAL E, et al. Why is nature beneficial? The role of connectedness to nature[J]. Environment and Behavior,

2009, 41: 607–643.

[107] SOGA M, GASTON K J, YAMAURA Y, et al. Both direct and vicarious experiences of nature affect children's willingness to conserve biodiversity[J]. International Journal of Environmental Research and Public Health, 2016, 13(6): 529–540.

[108] NISBET E K, ZELENSKI J M, MURPHY S A. The nature relatedness scale: Linking individuals'connection with nature to environmental concern and behavior[J]. Environment and Behavior, 2009, 41: 715–740.

[109] HOWELL A J, DOPKO R L, PASSMORE H A, et al. Nature connectedness: Associations with well-being and mindfulness[J]. Personality and Individual Differences, 2011, 51(2): 166–171.

[110] ZYLSTRA M J, KNIGHT A T, ESLER K J, et al. Connectedness as a core conservation concern: An interdisciplinary review of theory and a call for practice[J]. Springer Science Reviews, 2014, 2(1-2): 119–143.

[111] UNSWORTH S J, LEVIN W, BANG M, et al. Cultural differences in children's ecological reasoning and psychological closeness to nature: Evidence from Menominee and European American children[J]. Journal of Cognition and Culture, 2012, 12(1-2): 17–29.

[112] BOWLER D E, BUYUNG-ALI L M, KNIGHT T M, et al. A systematic review of evidence for the added benefits to health of exposure to natural environments[J]. BMC Public Health, 2010, 10(1): 456–465.

[113] DEAN J H, SHANAHAN D E, BUSH R, et al. Is nature relatedness associated with better mental and physical health?[J]. International Journal of Environmental Research and Public Health, 2018, 15(7): 1371.

[114] ULRICH R S, SIMONS R F, LOSITO B D, et al. Stress recovery during exposure

to natural and urban environments[J]. Journal of Environmental Psychology, 1991, 11: 201–230.

[115] CAPALDI C A, DOPKO R L, ZELENSKI J M. The relationship between nature connectedness and happiness: A meta-analysis[J]. Frontiers in Psychology, 2014, 5: 976.

[116] 李娜，吴建平. 自然联结对大学生主观幸福感的影响：正念的中介作用 [J]. 心理技术与应用，2016，4:273–277，283.

[117] MARTYN P, BRYMER E. The relationship between nature relatedness and anxiety[J]. Health Psychology, 2016, 21: 1–10.

[118] ARON A, ARON E N, TUDOR M, et al. Close relationships as including other in the self[J]. Journal of Personality and Social Psychology, 1991, 60: 241–253.

[119] 李一茗，黎坚，伍芳辉. 自然联结的概念、功能与促进 [J]. 心理发展与教育，2018，34(1)：120–127.

[120] SCHULTZ P W, SHRIVER C, TABANICO J J, et al. Implicit connections with nature[J]. Journal of Environmental Psychology, 2004, 24: 31–42.

[121] GOSLING E, WILLIAMS K J H. Connectedness to nature.place attachment and conservation behavior: Testing connectedness theory among farmers[J]. Journal of Environmental Psychology, 2010, 30(3): 298–304.

[122] 李娜，吴建平. 自然联结量表的修订及信效度 [J]. 中国健康心理学志，2016，24(9) :1347–1350.

[123] KOHUT H. Introspection, empathy, and the semi-circle of mental health[J]. The International Journal of Psychoanalysis, 1982, 63(4): 395–407.

[124] LEE R M, ROBBINS S B. Measuring belongingness: The social connectedness and the social assurance scales[J]. Journal of Counseling Psychology, 1995, 42(2): 232–241.

[125] LEE R M, ROBBINS S B. The relationship between social connectedness and anxiety, self-esteem, and social identity[J]. Journal of Counseling Psychology, 1998, 45(3): 338–345.

[126] MELLOR D, FIRTH L, MOORE K. Can the internet improve the well-being of the elderly?[J]. Ageing International, 2008, 32: 25–42.

[127] VAN ORDEN K A, STONE D M, ROWE J, et al. The senior connection: Design and rationale of a randomized trial of peer companionship to reduce suicide risk in later life[J]. Contemporary Clinical Trials, 2013, 35: 117–126.

[128] HAWKLEY L C, GU Y, LUO Y J, et al. The mental representation of social connections: Generalizability extended to Beijing adults[J]. Plos One, 2012, 7(9).

[129] ASHIDA S, HEANEY C A. Differential associations of social support and social connectedness with structural features of social networks and the health status of older adults[J]. Journal of Aging and Health, 2008, 20: 872–893.

[130] HAWKLEY L C, BROWNE M W, CACIOPPO J T. How can I connect with thee? Let me count the ways[J]. Psychological Science, 2005, 16: 798–804.

[131] HUANG X, ZHANG M, HUI M K, et al. Warmth and conformity: The effects of ambient temperature on product preferences and financial decisions[J]. Journal of Consumer Psychology, 2013, 24(2): 241–250.

[132] KOK B E, COFFEY K A, COHN M A, et al. How positive emotions build physical health perceived positive social connections account for the upward spiral between positive emotions and vagal tone[J]. Psychological Science, 2013, 24(7): 1123–1132.

[133] ISEN A M. Success, failure, attention, and reaction to others: The warm glow of success[J]. Journal of Personality and Social Psychology, 1970, 15(4): 294–301.

[134] JOHNSON K J, FREDRICKSON B L. We all look the same to me: Positive

emotions eliminate the own-race bias in face recognition[J]. Psychological Science, 2005, 16: 875–881.

[135] DUNN J R, SCHWEITZER M E. Feeling and believing: The in uence of emotion on trust[J]. Journal of Personality and Social Psychology, 2005, 88(5): 736–748.

[136] NG J W, TONG E M, SIM D L, et al. Gratitude facilitates private conformity: A test of the social alignment hypothesis[J]. Emotion, 2017, 17(2): 379–387.

[137] WANG X, KEH H T, CHAO C H. Nostalgia and consumer preference for indulgent foods: The role of social connectedness[J]. International Journal of Consumer Studies, 2018, 42(3): 316–326.

[138] ERDINC D. The Predictive Analysis of adjustment difficulties from loneliness, social support, and social connectedness[J]. Educational Sciences: Theory and Practice, 2008, 8(3): 849–856.

[139] HILL P C, PARGAMENT K Ⅱ, HOOD R W, et al. Conceptualizing religion and spirituality: Points of commonality, points of departure[J]. Journal for the Theory of Social Behaviour, 2000: 51–77.

[140] PIEDMONT R L. The sixth factor of personality? Spiritual transcendence and the five-factor model[J]. Journal of Personality, 1999, 67(6): 985–1013.

[141] PALMER P J. Teaching with heart and soul: Re ections on spirituality in teacher education[J]. Journal of Teacher Education, 2003, 54(54): 376–385.

[142] BOSCAGLIA N, CLARKE D M, JOBLING T W, et al. The contribution of spirituality and spiritual coping to anxiety and depression in women with a recent diagnosis of gynecological cancer[J]. International Journal of Gynecologic Cancer, 2005, 15(5): 755–761.

[143] JACKSON B R, BERGEMAN C S. How does religiosity enhance well-being? The role of perceived control[J]. Psychology of Religious Spirituality, 2011, 3(2):

149–161.

[144] KASHDAN T B, NEZLEK J B. Whether, when, and how is spirituality related to well-being? Moving beyond single occasion questionnaires to understanding daily process[J]. Personality and Social Psychology Bulletin, 2012, 38(11): 1523–1535.

[145] KAMITSIS I, FRANCIS A J P. Spirituality mediates the relationship between engagement with nature and psychological well-being[J]. Journal of Environmental Psychology, 2013, 36: 136–143.

[146] SHORKEY C T, WINDSOR L C. Inventory of spirituality in alcohol/other drug research: psychometric dimensions[J]. Alcoholism Treatment Quarterly, 2010, 28(1): 17–37.

[147] FABRICATORE A N, HANDAL P J, FENZEL L M. Personal spirituality as a moderator of the relationship between stressors and subjective well-being[J]. Journal of Psychology and Theology, 2000, 28(3): 221–228.

[148] PARK C L. Religion as a meaning-making framework in coping with life stress[J]. Journal of Social Issues, 2005, 61(4): 707–729.

[149] VAN CAPPELLEN P, TOTH-GAUTHIER M, SAROGLOU V, et al. Religion and well-being: The mediating role of positive emotions[J]. Journal of Happiness Studies, 2016, 17(2): 485–505.

[150] VITELL S J, PAOLILLO J G P. Consumer ethics: The role of religiosity[J]. Journal of Business Ethics, 2003, 46(2): 151–162.

[151] VITELL S J, KING R A, HOWIE K, et al. Spirituality, moral identity, and consumer ethics: A multi-cultural Study[J]. Journal of Business Ethics, 2016, 139(1): 1–14.

[152] CHAIRY C. Spirituality, Self Transcendence, and Green Purchase Intention in College Students[J]. Procedia-social and Behavioral Sciences, 2012, 57(9): 243–

246.

[153] JAGERS R J, SMITH P. Further examination of the spirituality scale[J]. Journal of Black Psychology, 1996, 22(4): 429–442.

[154] HALL T W, EDWARDS K J. The spiritual assessment inventory: A theistic model and measure for assessing spiritual development[J]. Journal for the Scientific Study of Religion, 2002, 41(2): 341–357.

[155] 吴波，李东进，谢宗晓．消费者绿色产品偏好的影响因素研究 [J]. 软科学，2014，28(12)：89–94.

[156] 汪兴东，景奉杰．城市居民低碳购买行为模型研究——基于五个城市的调研数据 [J]. 中国人口·资源与环境，2012，22(2)：47–55.

[157] 陈建军．柔性管理初探 [D]. 上海：华东师范大学，1999.

[158] MOSTAFA M M. Gender differences in Egyptian consumers'green purchase behaviour: The effects of environmental knowledge, concern and attitude[J]. International Journal of Consumer Studies, 2007, 31(3): 220–229.

[159] 劳可夫．消费者创新性对绿色消费行为的影响机制研究 [J]. 南开管理评论，2013，16(4)：106–113.

[160] PEATTIE K. Green consumption: Behavior and norms[J]. Annual Review of Environment and Resources, 2010, 35(1): 195–228.

[161] CHEUNG M F Y, TO W M. An extended model of value-attitude-behavior to explain Chinese consumers'green purchase behavior[J]. Journal of Retailing and Consumer Services, 2019, 50: 145–153.

[162] VERPLANKEN B, HOLLAND R W. Motivated decision making: effects of activation and self-centrality of values on choices and behavior[J]. Journal of Personality and Social Psychology, 2002, 82(3): 434–447.

[163] PRAKASH G, PRAKASH G, CHOUDHARY S, et al. Do altruistic and egoistic

values in uence consumers'attitudes and purchase intentions towards eco-friendly packaged products? An empirical investigation[J]. Journal of Retailing and Consumer Services, 2019, 50: 163–169.

[164] SHENG G, XIE F, GONG S, et al. The role of cultural values in green purchasing intention: Empirical evidence from Chinese consumers[J]. International Journal of Consumer Studies, 2019, 43(3): 315–326.

[165] GHAZALI E M, MUTUM D S, ARISWIBOWO N. Impact of religious values and habit on an extended green purchase behaviour model[J]. International journal of consumer studies, 2018, 42(6): 639–654.

[166] MINTON E A, XIE H J, GUREL - ATAY E, et al. Greening up because of god: The relations among religion.sustainable consumption and subjective well-being[J]. International journal of consumer studies, 2018, 42(6): 655–663.

[167] DURSUN İ, KABADAYI E T, TUĞER A T. Overcoming the psychological barriers to energy conservation behaviour: The influence of objective and subjective environmental knowledge[J]. International Journal of Consumer Studies, 2019, 43(4): 402–416.

[168] ONWEZEN M C, ANTONIDES G, BARTELS J. The norm activation model: An exploration of the functions of anticipated pride and guilt in pro-environmental behaviour[J]. Journal of Economic Psychology, 2013, 39(1): 141–153.

[169] CHEN M F. Impact of fear appeals on pro-environmental behavior and crucial determinants[J]. International Journal of Advertising, 2016, 35(1): 74–92.

[170] SIVANATHAN N, PETTTIT N C. Protecting the self through consumption: Status goods as affirmational commodities[J]. Journal of Experimental Social Psychology, 2010, 46(3): 564–570.

[171] LEE K, ASHTON M C, CHOI J, et al. Connectedness to nature and to humanity:

Their association and personality correlates[J]. Frontiers in Psychology, 2015, 6: 1003.

[172] ARON A, ARON E N, SMOLIAN D. Inclusion of other in the self scale and the structure of interpersonal closeness[J]. Journal of Personality and Social Psychology, 1992, 63(4): 596–612.

[173] 周会娜. 大学生社会联结、自我分化与心理幸福感的关系研究 [D]. 开封: 河南大学, 2011.

[174] 熊小明, 黄静, 林涛. 环保消费重购意愿的影响机制: 目标进展视角 [J]. 财经论丛, 2018, 229(1): 86–96.

[175] FOTOPOULOS C, KRYSTALLI A. Purchasing motives and profile of the greek organic consumer: A countrywide survey[J]. British Food Journal, 2002, 104(9): 730–765.

[176] 王建明, 郑冉冉. 心理意识因素对消费者生态文明行为的影响机理 [J]. 管理学报, 2011, 8(7): 1027–1035.

[177] FISHER A, ABRAM D. Radical ecopsychology: Psychology in the service of life[J]. Ecopsychology, 2002, 5(2): 152–157.

[178] GUO S, JIANG L, HUANG R, et al. Inspiring awe in consumers: relevance, triggers, and consequences[J]. Asian Journal of Social Psychology, 2018, 21(3): 129–142.

[179] CIALDINI R B, GOLDSTEIN N J. Social influence: Compliance and conformity[J]. Annual Review of Psychology, 2004, 55(1): 591–621.

[180] LASCU D N, ZINKHAN G. Consumer Conformity: Review and applications for marketing theory and practice[J]. Journal of Marketing Theory and Practice, 1999, 7(3): 1–12.

[181] DEUTSCH M, GERARD H B. A Study of Normative and Informational Social

Influences Upon Individual Judgment[J]. Journal of Abnormal and Social Psychology, 1955, 54: 629–636.

[182] DONG P, ZHONG C B. Witnessing moral violations increases conformity in consumption[J]. Journal of Consumer Research, 2017, 44(4): 778–793.

[183] KELMAN H C. Processes of opinion change[J]. Public Opinion Quarterly, 1961, 25: 57–78.

[184] SIMPSON P M, SIGUAW J A, CADOGAN J W. Understanding the consumer propensity to observe[J]. European Journal of Marketing, 2008, 42(1/2): 196–221.

[185] TAUBER S, SASSENBERG K. The impact of identification on adherence to group norms in team sports: Who is going the extra mile?[J]. Group Dynamics: Theory, Research, and Practice, 2012, 16(4): 231–240.

[186] GRISKEVICIUS V, GOLDSTEIN N J, MORTENSEN C R, et al. Fear and loving in Las Vegas: Evolution, emotion, and persuasion[J]. Journal of Marketing Research, 2009, 46(3): 384–395.

[187] YOON E, JUNG K R, LEE R M, et al. Validation of social connectedness in mainstream society and the ethnic community scales[J]. Cultural Diversity and Ethnic Minority Psychology, 2012, 18(1): 64–73.

[188] GRIEVE R, KEMP N. Individual differences predicting social connectedness derived from Facebook: Some unexpected findings[J]. Computers in Human Behavior, 2015, 51: 239–243.

[189] ARMENTA C N, FRITZ M M, LYUBOMIRSKY S. Functions of positive emotions: Gratitude as a motivator of self-improvement and positive change[J]. Emotion Review, 2017, 9(3): 183–190.

[190] NIKOLINAKOU A, KING K W. Viral video ads: Emotional triggers and social

media virality[J]. Psychology and Marketing, 2018, 35(10): 715–726.

[191] YANG Yan, HU Jing, JING Fengjie, et al. From awe to ecological behavior: the mediating role of connectedness to nature[J]. Sustainability, 2018, 10(7): 2477.

[192] PERFUMI S C, BAGNOLI F, CAUDEK C, et al. Deindividuation effects on normative and informational social influence within computer-mediated-communication[J]. Computers in Human Behavior, 2019, 92: 230–237.

[193] SMITH J R, HOGG M A, MARTIN R, et al. Uncertainty and the influence of group norms in the attitude-behaviour relationship[J]. British Journal of Social Psychology, 2007, 46: 769–792.

[194] MOORMAN C, DIEHL K, BRINBERG D, et al. Subjective knowledge.search locations.and consumer choice[J]. Journal of Consumer Research, 2004, 31(3): 673–680.

[195] ALBA J W, HUTCHINSON J W. Knowledge calibration: What consumers know and what they think they know[J]. Journal of Consumer Research, 2000, 27(2): 123–156.

[196] DI VESTA F. Effects of confidence and motivation on susceptibility to informational social in uence[J]. Journal of Abnormal Social Psychology, 1959, 59: 204–209.

[197] CHAIKEN S. Heuristic versus systematic information processing and the use of source versus message cues in persuasion[J]. Journal of Personality and Social Psychology, 1980, 39(5): 752–766.

[198] BARKI H, HARTWICK J. Measuring user participation, user involvement, and user attitude[J]. MIS Quarterly, 1994, 18(1): 59–82.

[199] LEE S H, RO H. The impact of online reviews on attitude changes: The differential effects of review attributes and consumer knowledge[J]. International Journal of

Hospitality Management, 2016, 56: 1–9.

[200] BEARDEN W O, NETEMEYER R G, TEEL J E. Measurement of consumer susceptibility to interpersonal influence[J]. Journal of Consumer Research, 1989, 15(4): 473–481.

[201] LEE Y J, PARK J K. The mediating role of consumer conformity in e-compulsive buying[J]. Advances in Consumer Research, 2008, 35: 387–392.

[202] HAYES A F. Introduction to Mediation, Moderation, and Conditional Process Analysis: A Regression-Based Approach[M]. New York: Guilford Press, 2013.

[203] BRUCKS M. The effects of product class knowledge on information search behavior[J]. Journal of Consumer Research, 1985, 12(1): 1–16.

[204] GEFEN D, STRAUB D W. Consumer trust in B2C e-Commerce and the importance of social presence: Experiments in e-Products and e-Services[J]. Omega, 2004, 32(6): 407–424.

[205] HAYES A F. An index and test of linear moderated mediation[J]. Multivariate Behavioral Research, 2015, 50(1): 1–22.

[206] BELK R W. Possessions and the extended self[J]. Journal of Consumer Research, 1988, 15(2): 139–168.

[207] MANNETTI L, PIERRO A, LIVI S. Explaining consumer conduct: From planned to self-expressive behavior[J]. Journal of Applied Social Psychology, 2002, 32(7): 1431–1451.

[208] RUCKER D D, GALINSKY A D. Desire to acquire: powerlessness and compensatory consumption[J]. Journal of Consumer Research, 2008, 35(2): 257–267.

[209] RUCKER D D, GALINSKY A D. Conspicuous consumption versus utilitarian ideals: how different levels of power shape consumer behavior[J]. Journal of Experimental Social Psychology, 2009, 45(3): 549–555.

[210] VEBLEN T. The theory of the leisure class[M]. New York: Macmillan, 1899.

[211] O'CASS A, MCEWEN H. Exploring consumer status and conspicuous consumption[J]. Journal of Consumer Behaviour, 2004, 4(1): 25–39.

[212] MARCOUX J S, FILIATRAULT P, CHERON E. The attitudes underlying preferences of young urban educated Polish consumers towards products made in western countries[J]. Journal of International Consumer Marketing, 1997, 9(4): 5–29.

[213] GIERL H, HUETTL V. Are scarce products always more attractive? The interaction of different types of scarcity signals with products'suitability for conspicuous consumption[J]. International Journal of Research in Marketing, 2010, 27(3): 225–235.

[214] SHUKLA P. Conspicuous Consumption Among Middle Age Consumers: Psychological and Brand Antecedents[J]. Journal of Product & Brand Management, 2008, 17(1): 25–36.

[215] JAEHOON L, SHRUM L J. Conspicuous consumption versus charitable behavior in response to social exclusion: A differential needs explanation[J]. Journal of Consumer Research, 2012, 39(3): 530–544.

[216] LIANG Shichang, HE Yun, CHANG Yaping, et al. Showing to friends or strangers? Relationship orientation influences the effect of social exclusion on conspicuous consumption[J]. Journal of Consumer Behaviour, 2018, 17(4): 355–365.

[217] MAZZOCCO P J, RUCKER D D, GALINSKY A D, et al. Direct and vicarious conspicuous consumption: identification with low-status groups increases the desire for high-status goods[J]. Journal of Consumer Psychology, 2012, 22(4): 520–528.

[218] GRISKEVICIUS V, TYBUR J M, SUNDIE J M, et al. Blatant benevolence and conspicuous consumption: When romantic motives elicit strategic costly signals[J]. Journal of Personality and Social Psychology, 2007, 93(1): 85–102.

[219] SUNDIE J M, KENRICK D T, GRISKEVICIUS V, et al. Peacocks, porsches, and thorstein veblen: Conspicuous consumption as a sexual signaling system[J]. Journal of Personality and Social Psychology, 2011, 100(4): 664–680.

[220] ORDABAYEVA N, CHANDON P. Getting ahead of the joneses: When equality increases conspicuous consumption among bottom-tier consumers[J]. Journal of Consumer Research, 2011, 38(1): 27–41.

[221] SIVANATHAN N, PETTIT N C. Protecting the Self through Consumption Status Goods as Affirmational Commodities[J]. Journal of Experimental Social Psychology, 2010, 46: 564–570.

[222] SONG XIAOBING, HUANG FEIFEI, LI XIUPING. The effect of embarrassment on preferences for brand conspicuousness: The roles of self-esteem and self-brand connection[J]. Journal of Consumer Psychology, 2017, 27(1): 69–83.

[223] VELOV B, GOJKOVIĆ V, ĐURIĆ V. Materialism, narcissism and the attitude towards conspicuous consumption[J]. Psihologija, 2014, 47(1): 113–129.

[224] WONG N Y, AHUVIA A C. Personal taste and family face: Luxury consumption in confucian and western societies[J]. Psychology and Marketing, 1998, 15(5): 423–441.

[225] CHARLES K K, HURST E, ROUSSANOV N. Conspicuous consumption and race[J]. Social Science Electronic Publishing, 2009, 124(2): 425–467.

[226] BURROUGHS J E, RINDFLEISCH A. Materialism and well-being: A con icting values perspective[J]. Journal of Consumer Research, 2002, 29(3): 348–370.

[227] PODOSHEN J S, ANDRZEJEWSKI S A, HUNT J M. Materialism, conspicuous consumption and american hip-hop subculture[J]. Journal of International Consumer Marketing, 2014, 26(4): 271–283.

[228] PODOSHEN J S, LI Lu, ZHANG Junfeng. Materialism and conspicuous

consumption in china: A cross-cultural examination[J]. International Journal of Consumer Studies, 2010, 35(1): 17–25.

[229] SEGAL B, PODOSHEN J S. An examination of materialism, conspicuous consumption and gender differences[J]. International Journal of Consumer Studies, 2013, 37(2): 189–198.

[230] SCHWARTZ S H. Universals in the content and structure of values: Theoretical advances and empirical tests in 20 countries[J]. Advances in Experimental Social Psychology, 1992, 25(2): 1–65.

[231] SCHWARTZ S H. Are there universal aspects of the structure and contents of human values?[J]. Journal of Social Issues, 1994, 50(4): 19–45.

[232] KASSER T. Materialistic values and goals[J]. Annual review of psychology, 2016, 67(1): 489–514.

[233] FANG Y, PODOSHEN J S. New insights into materialism and conspicuous consumption in China[J]. Journal of Consumer Ethics, 2017, 1(2): 72–81.

[234] FISHER J W, FRANCIS L J, JOHNSON P. Assessing spiritual health via four domains of spiritual well-being: The SH4DI[J]. Pastoral Psychology, 2000, 49(2): 133–145.

[235] CHAUDHURI H R, MAZUMDAR S, GHOSHAL A. Conspicuous consumption orientation: Conceptualisation, scale development and validation[J]. Journal of Consumer Behaviour, 2011, 10(4): 216–224.

[236] WRIGHT N D, LARSEN V. Materialism and life satisfaction: a meta-analysis[J]. Journal of Consumer Satisfaction, 1993, 6: 158–165.

[237] WANG Y, GRISKEVICIUS V. Conspicuous consumption, relationships, and rivals: Women's luxury products as signals to other women[J]. Journal of Consumer Research, 2014, 40(5): 834–854.

[238] O'CASS A, FROST H. Status brands: Examining the effects of non-product-related brand associations on status and conspicuous consumption[J]. Journal of Product and Brand Management, 2002, 11(2): 67-88.

[239] LAU W W F, HUI C H, LAM J, et al. Psychometric evaluation of the spiritual transcendence scale in a Chinese sample: Is there factorial invariance across gender, occupation, and religion?[J]. International Journal for the Psychology of Religion, 2015, 26: 136-151.

[240] SPILKA B, LADD K L, MCINTOSH D N, et al. The content of religious experience: The roles of expectancy and desirability[J]. International Journal for the Psychology of Religion, 1996, 6(2): 95-105.

[241] DANVERS A F, SHIOTA M N. Going Off Script: Effects of awe on memory for script-typical and -irrelevant narrative detail[J]. Emotion, 2017, 17(6): 938-952.

附　录

APPENDIX

敬畏与绿色消费关系研究材料

尊敬的女士 / 先生：

感谢您在百忙中填答此问卷，填答过程大约占用您3分钟的时间。请根据自己的真实感受和看法如实填答。本问卷采用匿名形式，所有数据仅供学术研究分析使用。

一、请选择对如下说法的赞同程度，1代表完全不同意，7代表完全同意。

序号	题项	完全不同意　　　　完全同意
1	我经常感到敬畏。	1----2----3----4----5----6----7
2	我周围充满美好。	1----2----3----4----5----6----7
3	我几乎每天都感到惊奇。	1----2----3----4----5----6----7
4	我经常在周围的事物中找寻规律。	1----2----3----4----5----6----7
5	我有很多机会欣赏大自然的美景。	1----2----3----4----5----6----7
6	我寻求某些体验来挑战自己对世界的理解。	1----2----3----4----5----6----7

续表

序号	题项	完全不同意　　　　　　　完全同意
7	我感觉与周围的自然世界是一体的。	1----2----3----4----5----6----7
8	我认为自己所属的自然世界是一体的。	1----2----3----4----5----6----7
9	我能够察觉并欣赏其他生命体的智慧。	1----2----3----4----5----6----7
10	我经常感受到与动物、植物之间的亲切感。	1----2----3----4----5----6----7
11	我对我的行为如何影响自然世界有很深刻的理解。	1----2----3----4----5----6----7
12	我经常感觉自己是生命网络的一部分。	1----2----3----4----5----6----7
13	我感觉到地球所有的居民（人类以及非人类）分享共同的生命力。	1----2----3----4----5----6----7
14	就像树木是森林的一部分，我感觉自己属于更广阔的自然世界。	1----2----3----4----5----6----7
15	在熟悉的人中间，我感觉到真正的归属感。	1----2----3----4----5----6----7
16	我感觉自己与人亲近。	1----2----3----4----5----6----7
17	我有和同伴们在一起的感觉。	1----2----3----4----5----6----7
18	对于朋友，我有兄弟姐妹的感觉。	1----2----3----4----5----6----7
19	我觉得我和某个人或某个团体有关系。	1----2----3----4----5----6----7
20	购买产品时，我会选择对环境污染小的产品。	1----2----3----4----5----6----7

续表

序号	题项	完全不同意　　　　　　　　　完全同意
21	一旦得知某产品对环境有污染，我就尽量不再购买或使用它。	1----2----3----4----5----6----7
22	我常劝说家人购买对环境污染小的产品。	1----2----3----4----5----6----7
23	我尽量购买节能的家用产品。	1----2----3----4----5----6----7
24	购买产品时，我会考虑其是否有环境标志（如节能标志、节水标志等）。	1----2----3----4----5----6----7
25	我通常把废旧纸张（废纸箱、旧报纸等）收集起来，然后卖掉或给别人。	1----2----3----4----5----6----7
26	我通常把空饮料瓶、酒瓶或其他瓶罐收集起来，然后卖掉或给别人。	1----2----3----4----5----6----7

二、个人信息统计。

略。

敬畏与从众消费关系研究材料（研究1）

尊敬的女士/先生：

感谢您在百忙中填答此问卷，填答过程大约占用您5~10分钟的时间。请根据自己的真实感受和看法如实填答。本问卷采用匿名形式，所有数据仅供学术研究分析使用。

一、请仔细阅读下面每个题目的叙述内容，根据您的个人感受从1～7中选择一个数字表示您对对应观点的同意程度，1表示完全不同意，7表示完全同意。

序号	题项	完全不同意　　　　　　　　完全同意
1	我经常感到喜悦。	1----2----3----4----5----6----7
2	我是一个非常开朗的人。	1----2----3----4----5----6----7
3	当美好的事情发生的时候，我会特别开心。	1----2----3----4----5----6----7
4	平日里，许多事情使我快乐。	1----2----3----4----5----6----7
5	美好的事情总是发生在我身上。	1----2----3----4----5----6----7
6	我的生活一直在改善。	1----2----3----4----5----6----7
7	我通常是个知足的人。	1----2----3----4----5----6----7
8	我的生活很平和。	1----2----3----4----5----6----7
9	当我思考我的人生，我感到深深的满足感。	1----2----3----4----5----6----7
10	我比大多数人更容易感到满足。	1----2----3----4----5----6----7
11	我的生活很充实。	1----2----3----4----5----6----7
12	我对自己感觉很好。	1----2----3----4----5----6----7
13	我为我自己和我的成绩感到骄傲。	1----2----3----4----5----6----7
14	许多人尊敬我。	1----2----3----4----5----6----7
15	我总是支持我所相信的事情。	1----2----3----4----5----6----7
16	人们通常承认我的权威性。	1----2----3----4----5----6----7
17	其他人一般都是值得信赖的。	1----2----3----4----5----6----7
18	我可以很容易就建立起与其他人的亲近感。	1----2----3----4----5----6----7

续表

序号	题项	完全不同意　　　　　　　　　完全同意
19	我发现信任别人很容易。	1----2----3----4----5----6----7
20	当我需要帮助时，我可以依靠别人。	1----2----3----4----5----6----7
21	人们通常会体谅我的需求和情感。	1----2----3----4----5----6----7
22	我爱很多人。	1----2----3----4----5----6----7
23	照顾脆弱的人是很重要的。	1----2----3----4----5----6----7
24	当看到有人受伤或需要帮助时，我会产生强烈的冲动去关心他们。	1----2----3----4----5----6----7
25	照顾别人会让我的内心非常温暖。	1----2----3----4----5----6----7
26	我经常留意需要帮助的人。	1----2----3----4----5----6----7
27	我是一个非常富有同情心的人。	1----2----3----4----5----6----7
28	我几乎在任何事情上都能发现乐趣。	1----2----3----4----5----6----7
29	我真的很喜欢与亲近的人开玩笑。	1----2----3----4----5----6----7
30	我很容易被逗乐。	1----2----3----4----5----6----7
31	我周围的人常开玩笑。	1----2----3----4----5----6----7
32	我总是开玩笑。	1----2----3----4----5----6----7
33	我经常感到敬畏。	1----2----3----4----5----6----7
34	我周围充满美好 。	1----2----3----4----5----6----7
35	我几乎每天都感到惊奇。	1----2----3----4----5----6----7
36	我经常在周围的事物中找寻规律。	1----2----3----4----5----6----7
37	我有很多机会欣赏大自然的美景。	1----2----3----4----5----6----7
38	我寻求某些体验来挑战自己对世界的理解。	1----2----3----4----5----6----7

续表

序号	题项	完全不同意　　　　　　完全同意
39	我通常咨询其他人意见来帮助我从众多产品中选择最佳选项。	1----2----3----4----5----6----7
40	如果想成为某个人，我通常会试图购买这个人所用的品牌。	1----2----3----4----5----6----7
41	其他人是否喜欢我购买的品牌对我而言很重要。	1----2----3----4----5----6----7
42	为了确认买对了产品或品牌，我通常会观察其他人会购买什么。	1----2----3----4----5----6----7
43	我很少购买最新款式风格的商品，除非我确信我的朋友会接受它。	1----2----3----4----5----6----7
44	我通常购买与他人相同的产品或品牌来表明对他人的认同。	1----2----3----4----5----6----7
45	如果我对一个产品了解不多，通常我会向朋友咨询。	1----2----3----4----5----6----7
46	购买商品时，通常我会购买那些将会得到别人赞同的品牌。	1----2----3----4----5----6----7
47	我喜欢知道什么品牌和产品能够给他人留下好印象。	1----2----3----4----5----6----7
48	在我购买一个产品之前，通常会向朋友和家人征求意见。	1----2----3----4----5----6----7
49	如果别人能看见我使用某种产品，我通常会购买他们期望我用的品牌。	1----2----3----4----5----6----7
50	购买与他人同样的产品和品牌会让我有一种归属感。	1----2----3----4----5----6----7

二、个人信息统计。

略。

敬畏与从众消费关系研究材料（研究2）

尊敬的女士/先生：

感谢您在百忙中填答此问卷，填答过程大约占用您5~10分钟的时间。请根据自己的真实感受和看法如实填答。本问卷采用匿名形式，所有数据仅供学术研究分析使用。

一、情境回忆。

略。

二、请根据现在的感受，描述您体会到下列情绪的程度，1表示完全没有，7表示非常强烈。

序号	情绪	完全不同意　　　　　　　　　　完全同意
1	敬畏	1----2----3----4----5----6----7
2	快乐	1----2----3----4----5----6----7
3	愤怒	1----2----3----4----5----6----7
4	兴奋	1----2----3----4----5----6----7
5	恐惧	1----2----3----4----5----6----7
6	愉悦	1----2----3----4----5----6----7
7	悲伤	1----2----3----4----5----6----7
8	感激	1----2----3----4----5----6----7

三、请仔细阅读下面每个题目的叙述内容，根据您的个人感受从1~7中选择一个数字表示您对对应观点的同意程度，1表示完全不同意，7表示完全同意。

序号	题项	完全不同意　　　　　　　　完全同意
1	我感觉自己与周围的世界是关联的。	1----2----3----4----5----6----7
2	在熟悉的人中间，我感觉到真正的归属感。	1----2----3----4----5----6----7
3	我感觉自己与人亲近。	1----2----3----4----5----6----7
4	我有和同伴们在一起的感觉。	1----2----3----4----5----6----7
5	我感觉自己和某些人是保持关联的。	1----2----3----4----5----6----7
6	我感觉自己与社会是保持关联的。	1----2----3----4----5----6----7
7	对于朋友，我有兄弟姐妹的感觉。	1----2----3----4----5----6----7
8	我觉得我和某个人或某个团体是有关联的。	1----2----3----4----5----6----7

四、场景模拟。

假设以下产品在市场上只有两个品牌，请根据提供的信息选择您想购买的品牌。

1.牙膏：品牌A（市场占有率35%）vs 品牌B（市场占有率65%）

①购买品牌A　　　②购买品牌B

2.运动鞋：品牌A（市场占有率68%）vs 品牌B（市场占有率32%）

①购买品牌A　　　②购买品牌B

3.蓝牙耳机：品牌A（市场占有率72%）vs 品牌B（市场占有率28%）

①购买品牌A　　　②购买品牌B

4. 数码相机：品牌 A（市场占有率75%）vs 品牌 B（市场占有率25%）

①购买品牌 A　　②购买品牌 B

五、个人信息统计。

略。

敬畏与从众消费关系研究材料（研究3）

尊敬的女士 / 先生：

感谢您在百忙中填答此问卷，填答过程大约占用您5~10分钟的时间。请根据自己的真实感受和看法如实填答。本问卷采用匿名形式，所有数据仅供学术研究分析使用。

一、情境回忆。

略。

二、您觉得回忆的这段经历的可怕程度为：

①完全不可怕　②比较不可怕　③有点不可怕　④中立

⑤有点可怕　⑥比较可怕　⑦非常可怕

三、请根据现在的感受，描述您体会到下列情绪的程度，1表示完全没有，7表示非常强烈。

序号	情绪	完全不同意　　　　非常强烈
1	敬畏	1----2----3----4----5----6----7

续表

序号	情绪	完全不同意　　　　　　　　非常强烈
2	快乐	1----2----3----4----5----6----7
3	兴奋	1----2----3----4----5----6----7
4	愉悦	1----2----3----4----5----6----7
5	感激	1----2----3----4----5----6----7
6	恐惧	1----2----3----4----5----6----7
7	愤怒	1----2----3----4----5----6----7
8	尴尬	1----2----3----4----5----6----7
9	悲伤	1----2----3----4----5----6----7
10	羞愧	1----2----3----4----5----6----7

四、请仔细阅读下面每个题目的叙述内容，根据您的个人感受从1~7中选择一个数字表示您对对应观点的同意程度，1表示完全不同意，7表示完全同意。

序号	题项	完全不同意　　　　　　　　完全同意
1	我感觉自己与周围的世界是关联的。	1----2----3----4----5----6----7
2	在熟悉的人中间，我感觉到真正的归属感。	1----2----3----4----5----6----7
3	我感觉自己与人亲近。	1----2----3----4----5----6----7
4	我有和同伴们在一起的感觉。	1----2----3----4----5----6----7
5	我感觉自己和某些人是保持关联的。	1----2----3----4----5----6----7
6	我感觉自己与社会是保持关联的。	1----2----3----4----5----6----7
7	对于朋友，我有兄弟姐妹的感觉。	1----2----3----4----5----6----7
8	我觉得我和某个人或某个团体是有关联的。	1----2----3----4----5----6----7

五、请阅读以下两个餐厅信息，并根据个人感受回答问题。

餐厅 A：店名为大众家常菜，致力于提供大众化口味菜品。餐厅的经营口号是：大家都爱的味道。

餐厅 B：店名为老罗私房菜，致力于提供具有独特口味的秘制菜品。餐厅的经营口号是：专属于你的味道。

对于餐厅 A 和餐厅 B，您更偏好哪个？

①非常喜欢餐厅 A ②比较喜欢餐厅 A ③有点喜欢餐厅 A
④中立 ⑤有点喜欢餐厅 B ⑥比较喜欢餐厅 B
⑦非常喜欢餐厅 B

六、个人信息统计。

略。

敬畏与从众消费关系研究材料（研究4）

尊敬的女士 / 先生：

感谢您在百忙中填答此问卷，填答过程大约占用您5~10分钟的时间。本问卷各部分之间无任何关联，请根据自己的真实感受和看法如实填答。本问卷采用匿名形式，所有数据仅供学术研究分析使用。

一、请仔细阅读下面每个题目的叙述内容，根据您的个人感受从1~7中选择一个数字表示您对对应观点的同意程度，1表示完全不同意，7表示完全同意。

序号	题项	完全不同意　　　　　　完全同意
1	我关于欧洲旅行相关的知识丰富。	1----2----3----4----5----6----7
2	我对购买欧洲旅行相关服务的经验丰富。	1----2----3----4----5----6----7
3	我对欧洲旅行非常了解。	1----2----3----4----5----6----7
4	我是欧洲旅行的行家。	1----2----3----4----5----6----7

二、情境回忆。

略。

三、请根据现在的感受，描述您体会到下列情绪的程度，1表示完全没有，7表示非常强烈。

序号	情绪	完全不同意　　　　　　完全同意
1	敬畏	1----2----3----4----5----6----7
2	快乐	1----2----3----4----5----6----7
3	愤怒	1----2----3----4----5----6----7
4	兴奋	1----2----3----4----5----6----7
5	恐惧	1----2----3----4----5----6----7
6	愉悦	1----2----3----4----5----6----7
7	悲伤	1----2----3----4----5----6----7
8	感激	1----2----3----4----5----6----7

四、请仔细阅读下面每个题目的叙述内容，根据您的个人感受从1~7中选择一个数字表示您对对应观点的同意程度，1表示完全不同意，7表示完全同意。

序号	题项	完全不同意　　　　　　　　完全同意
1	我感觉自己与周围的世界是关联的。	1----2----3----4----5----6----7
2	在熟悉的人中间，我感觉到真正的归属感。	1----2----3----4----5----6----7
3	我感觉自己与人亲近。	1----2----3----4----5----6----7
4	我有和同伴们在一起的感觉。	1----2----3----4----5----6----7
5	我感觉自己和某些人是保持关联的。	1----2----3----4----5----6----7
6	我感觉自己与社会是保持关联的。	1----2----3----4----5----6----7
7	对于朋友，我有兄弟姐妹的感觉。	1----2----3----4----5----6----7
8	我觉得我和某个人或某个团体是有关联的。	1----2----3----4----5----6----7
9	在之前回忆的事件中，我对当时发生的事情非常不了解。	1----2----3----4----5----6----7
10	在之前回忆的事件中，我对当时发生的事情感到非常不确定。	1----2----3----4----5----6----7
11	在之前回忆的事件中，我无法预测接下来会发生什么事情。	1----2----3----4----5----6----7

五、请想象你现在有足够的时间和预算，计划从上海出发去欧洲旅游。你在知名的权威旅行网站上搜寻相关信息时，发现如下一款产品。请在阅读完以下产品介绍以后，根据个人感受，回答相关问题。

（此处按月销量分组分别匹配高/低月销量信息的产品介绍，产品介绍略。）

1. 我会考虑购买该旅游产品。

①完全不同意　　②比较不同意　　③有点不同意　　④中立

⑤有点同意　　⑥比较同意　　⑦完全同意

2. 我可能会购买该旅游产品。

①完全不同意　　②比较不同意　　③有点不同意　　④中立

⑤有点同意　　⑥比较同意　　⑦完全同意

3. 我愿意购买该旅游产品。

①完全不同意　　②比较不同意　　③有点不同意　　④中立

⑤有点同意　　⑥比较同意　　⑦完全同意

4. 我认为该旅游产品是畅销的。

①完全不同意　　②比较不同意　　③有点不同意　　④中立

⑤有点同意　　⑥比较同意　　⑦完全同意

5. 该旅游产品的月销量为：________

六、个人信息统计。

略。

敬畏与炫耀消费关系研究材料（研究1）

尊敬的女士/先生：

感谢您在百忙中填答此问卷，填答过程大约占用您3~5分钟的时间。请根据自己的真实感受和看法如实填写。本问卷采用匿名形式，所有数据仅供学术研究分析使用。

一、请选择对如下说法的赞同程度，1代表完全不同意，7代表完全同意。

序号	题项	完全不同意　　　　　　完全同意
1	我经常感到喜悦。	1----2----3----4----5----6----7
2	我是一个非常开朗的人。	1----2----3----4----5----6----7
3	当美好的事情发生的时候，我会特别开心。	1----2----3----4----5----6----7
4	平日里，许多事情使我快乐。	1----2----3----4----5----6----7
5	美好的事情总是发生在我身上。	1----2----3----4----5----6----7
6	我的生活一直在改善。	1----2----3----4----5----6----7
7	我通常是个知足的人。	1----2----3----4----5----6----7
8	我的生活很平和。	1----2----3----4----5----6----7
9	当我思考我的人生，我感到深深的满足。	1----2----3----4----5----6----7
10	我比大多数人更容易感到满足。	1----2----3----4----5----6----7
11	我的生活很充实。	1----2----3----4----5----6----7
12	我对自己感觉很好。	1----2----3----4----5----6----7
13	我为我自己和我的成绩感到骄傲。	1----2----3----4----5----6----7
14	许多人尊敬我。	1----2----3----4----5----6----7
15	我总是支持我所相信的事情。	1----2----3----4----5----6----7
16	人们通常承认我的权威性。	1----2----3----4----5----6----7
17	其他人一般都是值得信赖的。	1----2----3----4----5----6----7
18	我可以很容易就建立起与其他人的亲近感。	1----2----3----4----5----6----7

续表

序号	题项	完全不同意　　　　　　　完全同意
19	我发现信任别人很容易。	1----2----3----4----5----6----7
20	当我需要帮助时，我可以依靠别人。	1----2----3----4----5----6----7
21	人们通常会体谅我的需求和情感。	1----2----3----4----5----6----7
22	我爱很多人。	1----2----3----4----5----6----7
23	照顾脆弱的人是很重要的。	1----2----3----4----5----6----7
24	当看到有人受伤或需要帮助时，我会产生强烈的冲动去关心他们。	1----2----3----4----5----6----7
25	照顾别人会让我的内心非常温暖。	1----2----3----4----5----6----7
26	我经常留意需要帮助的人。	1----2----3----4----5----6----7
27	我是一个非常富有同情心的人。	1----2----3----4----5----6----7
28	我几乎在任何事情上都能发现幽默。	1----2----3----4----5----6----7
29	我真的很喜欢与亲近的人开玩笑。	1----2----3----4----5----6----7
30	我很容易被逗乐。	1----2----3----4----5----6----7
31	我周围的人常开玩笑。	1----2----3----4----5----6----7
32	我总是开玩笑。	1----2----3----4----5----6----7
33	我经常感到敬畏。	1----2----3----4----5----6----7
34	我周围充满美好 。	1----2----3----4----5----6----7
35	我几乎每天都感到惊奇。	1----2----3----4----5----6----7
36	我经常在周围的事物中找寻规律。	1----2----3----4----5----6----7
37	我有很多机会欣赏大自然的美景。	1----2----3----4----5----6----7

续表

序号	题项	完全不同意　　　　完全同意
38	我寻求某些体验来挑战自己对世界的理解。	1----2----3----4----5----6----7
39	我不会通过购买奢侈品牌来向周围的人展示自己。	1----2----3----4----5----6----7
40	我购买商品从不炫富。	1----2----3----4----5----6----7
41	我为了追求性价比而加入商家的会员计划。	1----2----3----4----5----6----7
42	装修房屋时，舒适实用比品位格调更重要。	1----2----3----4----5----6----7
43	我很少通过购买产品来显示自己的品位。	1----2----3----4----5----6----7
44	我不在乎其他人对我的审美和品位的评价。	1----2----3----4----5----6----7
45	我很少通过购买商品来显示我的与众不同。	1----2----3----4----5----6----7
46	我很少会通过产品或品牌来形成令人羡慕的个人风格。	1----2----3----4----5----6----7
47	我很少购买一线品牌的产品。	1----2----3----4----5----6----7
48	我购买时更注重产品的性价比和实用价值。	1----2----3----4----5----6----7
49	我不在乎别人的眼光。	1----2----3----4----5----6----7

二、个人信息统计。

略。

敬畏与炫耀消费关系研究材料（研究2）

尊敬的女士/先生：

感谢您在百忙中填答此问卷，填答过程大约占用您3~5分钟的时间。请根据自己的真实感受和看法如实填写。本问卷采用匿名形式，所有数据仅供学术研究分析使用。

一、情境回想。

略。

二、请根据现在的感受，描述您体会到下列情绪的程度，1表示完全没有，7表示非常强烈。

序号	情绪	完全不同意　　　　　　非常强烈
1	敬畏	1----2----3----4----5----6----7
2	自豪	1----2----3----4----5----6----7
3	恐惧	1----2----3----4----5----6----7
4	感激	1----2----3----4----5----6----7
5	焦虑	1----2----3----4----5----6----7
6	快乐	1----2----3----4----5----6----7
7	愤怒	1----2----3----4----5----6----7
8	兴奋	1----2----3----4----5----6----7

三、场景模拟。

假如您现在有5万元可以自由支配，并且现在正考虑购买以下新产品或服务，请选择您愿意为以下五种产品各花费多少钱。

1. 一部手机

①600元　②1000元　③2000元　④3000元

⑤4000元　⑥6000元　⑦8000元

2. 一双运动鞋

①200元　②400元　③600元　④800元

⑤1000元　⑥1200元　⑦1500元

3. 一张酒店会员卡

①100元　②200元　③500元　④800元

⑤1000元　⑥1500元　⑦2000元

4. 一次美好的欧洲旅行

①5000元　②10000元　③15000元　④20000元

⑤25000元　⑥30000元　⑦35000元

四、人口信息统计。

略。

敬畏与炫耀消费关系研究材料（研究3）

尊敬的女士/先生：

感谢您在百忙中填答此问卷，填答过程大约占用您5分钟的时间。请根据自己的真实感受和看法如实填答。本问卷采用匿名形式，所有数据仅供学术研究分析使用。

一、观看视频。

略。

二、请根据现在的感受，回答感受到敬畏情绪的程度，1表示完全没有，7表示非常强烈。

序号	情绪	完全不同意　　　　　　　　非常强烈
1	敬畏	1----2----3----4----5----6----7
2	自豪	1----2----3----4----5----6----7
3	恐惧	1----2----3----4----5----6----7
4	感激	1----2----3----4----5----6----7
5	焦虑	1----2----3----4----5----6----7
6	快乐	1----2----3----4----5----6----7
7	愤怒	1----2----3----4----5----6----7
8	兴奋	1----2----3----4----5----6----7

三、请仔细阅读下面每个题目的叙述内容，根据您的个人感受从1~7中选择一个数字表示您对对应观点的同意程度，1表示完全不同意，7表示完全同意。

序号	题项	完全不同意　　　　　　　　完全同意
1	我曾有过精神上的高峰体验。	1----2----3----4----5----6----7
2	我觉得在更高的层次上，所有人都有共同的纽带。	1----2----3----4----5----6----7
3	所有生命都是相互关联的。	1----2----3----4----5----6----7
4	我是家族传承的纽带，是过去与未来的桥梁。	1----2----3----4----5----6----7

续表

序号	题项	完全不同意　　　　完全同意
5	我关心那些在我生命中会跟随我的人。	1----2----3----4----5----6----7
6	我已经能够跳脱出我的野心与失败、痛苦与喜悦，去体验更大的成就感。	1----2----3----4----5----6----7
7	我仍然对某些逝去的人有很深的情感联结。	1----2----3----4----5----6----7
8	我从祈祷或冥想中找到内心的力量和（或）安宁。	1----2----3----4----5----6----7
9	我相信人生应该有更大的计划。	1----2----3----4----5----6----7
10	有时候，我发现生活的细枝末节会分散我祈祷和沉思的注意力。	1----2----3----4----5----6----7
11	当我在祈祷或冥想时，我已经忘却了尘世的事。	1----2----3----4----5----6----7
12	通过祈祷或沉思，我体会到深深的满足和幸福。	1----2----3----4----5----6----7
13	我曾有过一种精神上的体验，在这种体验里，我忘记了时空的存在。	1----2----3----4----5----6----7

四、场景模拟。

耐克品牌近期准备推出一款新设计的运动鞋，在正式推出之前，公司拟小范围测试消费者的购买意向，请想象如果您现在要购买该品牌的运动鞋，对于以下两款产品，请根据个人感受回答以下问题。

1.哪一款更加吸引您?

①绝对是A款　②很有可能是A款　③有可能是A款

④二者皆可　⑤有可能是B款　⑥很有可能是B款

⑦绝对是B款

2.哪一款您愿意花更多的钱购买?

①绝对是A款　②很有可能是A款　③有可能是A款

④二者皆可　⑤有可能是B款　⑥很有可能是B款

⑦绝对是B款

3.您现在会选择哪款?

①绝对是A款　②很有可能是A款　③有可能是A款

④二者皆可　⑤有可能是B款　⑥很有可能是B款

⑦绝对是B款

五、个人信息统计。

略。

后 记

AFTERWORD

论文即将完成之际，四年的博士生活历历在目。从最初的迷茫与焦灼，到此时的不舍与感激。四年的经历不仅提高了我的学术科研能力，也极大地丰富了我的人生阅历。

首要感谢恩师景奉杰教授。2007年，我有幸成为景老师的硕士研究生。入门之初，我便迅速接触到消费者行为领域的研究前沿，并接受系统的学术训练，对该领域实证研究范式有了初步的理解。两年短暂又丰富的研究生学习经历，为我现在的学术研究道路奠定了基础。硕士毕业后，我进入企业工作，结合对营销实践的思考，对学术研究的向往和追求愈发强烈。终于在2015年，景老师又给予了我博士学习的机会。在博士学习的日子里，景老师学术上的引领和指导使我获益良多。在入学之初，景老师就建议我关注心理学和社会学领域的前沿内容之一——敬畏情绪，并就敬畏情绪在消费领域的潜在影响以及应用场景进行了深入刻画。结合景老师的思路，我开始着手对敬畏情绪在消费领域的研究展开思考。在此期间，景老师鼓励我广泛涉猎，灵活思考，结合研究思路不断提出丰富而明晰的指导意见。在此对景老师表示诚挚的感谢！除了学术上的指导，景老师也为我树立了为人处世的榜样。景老师的待人接物以及日常关于如何做人及做事的教诲，总能给予我深深的启发与感悟。

同样要感谢杨艳副教授。杨老师在学术上和生活上一直给予我细致入微的指导和关心。学术上，从最初的选题、概念模型构建、研究设计、数据收集及至最终成文，杨老师在每一个环节均倾注了大量的心血。生活中，杨老师对我的关心与体谅也让我无比温暖。由于家在济南，孩子年龄尚小，杨老师了解到我时常往返两地，尽最大可能在生活上给予便利。杨老师学术上春风化雨般的指导和生活上无微不至的关怀给予了我顺利攻读博士的强大支持和根本保障。由衷向杨艳老师表示诚挚感谢！

攻读博士期间的生活是我人生难忘的经历。在这宝贵的岁月里，我收获了来自周围老师和同学们的指导与关心。感谢教授我博士专业课程的老师们。老师们对专业知识提纲挈领的讲授让我在短时间内对跨领域的管理科学与工程专业知识有了较为全面的了解；感谢参加我开题答辩，并给予我细致指导的老师们，您的宝贵建议为后续研究进展提供了有益的方向；感谢相互交流、共同成长的同门们，日常的交流与讨论激发了我的研究灵感，也令我感受到温暖细心的关怀。感谢一起开始博士学习生涯的同班同学们，大家的扶持给予了我坚持的力量。

最后感谢家人的无私支持。感谢父母对我一如既往的肯定与信任。感谢爱人为了支持我继续深造的决定，从经济和生活上给予有力支持。感谢孩子的懂事与体贴，他童真的话语总能给予我莫大的安慰和鼓励。

回望四年时光，我很幸运地得到了来自老师、同学和家人的无私帮助与支持。在未来生活和工作中，这份温暖和鼓励将常驻心间，并带领我继续成长与进步。